Peter Schäfer

Illustriert von Michael Holtschulte

Kosten- und Leistungsrechnung

Cartoonkurs für (Berufs-) Schüler und Studenten

PEARSON

Higher Education

München · Harlow · Amsterdam · Madrid · Boston
San Francisco · Don Mills · Mexico City · Sydney

a part of plc Pearson worldwide

Bibliografische Information der Deutschen Nationalbibliothek
Die Deutsche Nationalbibliothek verzeichnet diese Publikation in der Deutschen Nationalbibliografie; detaillierte bibliografische Daten sind im Internet über http://dnb.dnb.de abrufbar.

10 9 8 7 6 5 4 3 2 1
16   15 14

ISBN 978-3-86894-178-4

© 2014 by Pearson Deutschland GmbH

Lilienthalstr. 2, D-85399 Hallbergmoos/Germany
Alle Rechte vorbehalten
www.pearson.de

A part of Pearson plc worldwide

Programmleitung: Birger Peil, bpeil@pearson.de
Lektorat: Irmgard Wagner, irmwagner@t-online.de
Fachlektorat: Dr. Ralf Pohl, Universität Erlangen
Korrektorat: Petra Kienle, Fürstenfeldbruck
Herstellung: Claudia Baeurle, cbaeurle@pearson.de
Satz: m2 design, Sterzing, www.m2-design.org
Druck und Verarbeitung: GraphyCems, Villatuerta

Printed in Spain

Inhalt

Kostenstellenrechnung

Kostenträgerrechnung / Preiskalkulationen

Teilkostenrechnung oder Deckungsbeitragsrechnung

Prozesskostenrechnung

Nutzenkategorien

Anhang

Bevor wir richtig anfangen ...

Vorwort

Warum Sie sich auf dieses Kosten- und Leistungsrechnungsbuch freuen dürfen

„Latte macchiato", das Kultgetränk besteht aus Milchschaum und starkem Espresso hat diesem Buch seinen Namen gegeben. „Latte macchiato" heißt wörtlich übersetzt „befleckte Milch". Der bittere Espresso erhält durch den leichten Milchschaum einen angenehmen Geschmack und entfaltet seine wohltuende Wirkung.

Übertragen auf dieses Buch bedeutet dies, dass die eher trockene Thematik der Kosten- und Leistungsrechnung mit einem kräftigen Schuss Unterhaltung und Veranschaulichung gemischt wird. Kostenrechnung macchiato möchte Sie damit aufwecken, Ihnen Aha-Momente verschaffen und Lust und Freude bereiten, sich mit diesem sehr praxisorientierten und wichtigen Thema näher zu beschäftigen.

Übrigens finden Sie ergänzend in den macchiato-Büchern *Finanzbuchhaltung* und *Wirtschaft* weitere Sachverhalte und Fachbegriffe, die Ihre Fachkompetenz zu diesem relevanten Thema fördern.

Für wen und wofür dieses Buch gedacht ist

Heutzutage kommt kaum ein kaufmännischer Auszubildender, kein Wirtschaftsstudent und kaum ein Praktiker im kaufmännischen Bereich mehr daran vorbei, sich mit Kosten, Kalkulationen, Preisen und Nutzen zu beschäftigen. Immer mehr Oberstufenzentren, Handelsschulen und Wirtschaftsgymnasien bieten in Grund- und Leistungskursen die Kosten- und Leistungsrechnung für ihre Schüler an.

Für diese Zielgruppen und alle an wirtschaftlichen Fragen interessierte Menschen ist dieses Buch geschrieben worden. Aber auch vom Verwaltungsfachangestellten bis zu Handwerksmeistern wird verlangt, mit Zahlen und Kosten, deren Berechnungen sowie Verrechnungen für die erbrachten Leistungen umgehen zu können.

Vielen Praktikern und Lernenden ist und bleibt diese unbedingt relevante Thematik zwischen Kostenverursachung und Nutzenstiftung zumeist ein Buch mit sieben Siegeln. Um Sie gleich von Anfang an vor unnötigen Frustrationen zu schützen, Ihnen einen klaren und einfachen Einblick und Durchblick im Themenfeld der Kostenrechnung und ihren zentralen Themenbereichen zu verschaffen, ist dieses Einführungsbuch konzipiert worden.

Es soll Sie durch die Verbindung von leicht verständlichen Texten, originellen und humorvollen Cartoons am Beispiel eines Fitness-Studios fit machen und Ihnen die fachlichen und methodischen Grundlagen vermitteln, um in Ihrem Unterricht, Ihren Vorlesungen oder an Ihrem Arbeitsplatz die Anforderungen an eine moderne und verursachungsgerechte Kostenrechnung zu bewältigen. Ob Sie als Lernender oder als Lehrender sich mit diesem grundsätzlich einfachen, aber im Detail komplexen Thema beschäftigen, Sie sollen einen individuellen Nutzen daraus ziehen.

Mit wem Sie es hier zu tun haben

Das macchiato Fitness-Studio ist die Firma, die Sie mit den Protagonisten Axel, Harry und Tina, sowie zahlreichen weiteren Angestellten durchs Buch begleiten wird. Die kostenrechnerischen Probleme und Herausforderungen werden mit zielgerichteten Lösungen anschaulich dargestellt. Zahlreiche Beispiele veranschaulichen Ihnen diese Thematik in ihren grundsätzlichen Teilbereichen, Kapitel für Kapitel.

Zunächst werden Sie erfahren, wozu überhaupt eine Kosten- und Leistungsrechnung für Organisationen wie Firmen, Vereine, selbst die staatliche Administrationen notwendig ist. Anschließend werden Sie die wesentlichen Kostenarten und auch ihre Mischformen am Beispiel der Studios kennenlernen.

Es wird eine Gewinnschwellenermittlung vorgenommen, um zu sehen, ob und ab wann das Studio wirtschaftlich arbeitet. Alle vier vorhandenen Studios werden untereinander verglichen.

Eine Kostenanalyse zum Verhalten der Kostenentwicklungen sowie das wichtige Thema der Kostenverantwortung werden vertiefend behandelt. Der Aufbau von sogenannten Kostenstellen wird ebenso vorgenommen, wie die Durchführung einer Betriebsabrechnung mit dem entsprechenden Instrument, dem Betriebsabrechnungsbogen.

Dann lernen Sie die Preisberechnungen und viele damit zusammenhängenden Kalkulationen kennen. Die klassischen Kalkulationsverfahren werden behandelt. Das praktische Verfahren, die Deckungsbeitragsrechnung, wird ebenso wie die Prozesskostenrechnung am Studiobeispiel veranschaulicht. Abschließend werden Nutzenkategorien dargestellt, die in zahlreichen Fachbüchern zur Kosten- und Leistungsrechnung zumeist leider fehlen. Im Internet können Sie ein Glossar, eine leicht verständliche Übersicht der wichtigsten Fachbegriffe, ansehen. Abgerundet wird das Buch mit einem Stichwortverzeichnis.

Wir hoffen, Ihnen mundet der „Latte macchiato" à la Kosten- und Leistungsrechnung!

Wer das Ganze geschrieben hat

Peter Schäfer, Jahrgang 1959, ist nach Abitur, Banklehre und Studium der Wirtschaftspädagogik und Sport seit 1987 als Berufsschullehrer an Berliner und Brandenburgischen kaufmännischen Schulen tätig. Junge Menschen bereitet er auf spielerische, humorvolle und praxisorientierte Art auf ihr Wirtschaftsabitur, ihre beruflichen Tätigkeiten oder ihr Studium vor. Seit 1991 ist er auch als freiberuflicher Trainer und Coach schwerpunktmäßig mit betriebswirtschaftlichen Themen und seinem Lieblingsthema, der Kosten- und Leistungsrechnung in Firmen (u.a. Siemens), bei IHKs, Fachhochschulen usw. tätig. Weitere Infos zu seiner Arbeit erhalten Sie auf seiner Homepage *www.peter-schaefer-seminare.de*. Schon als Student erkannte er, dass hinter den oft unverständlichen Begriffen meist relativ simple Zusammenhänge stecken, entwickelte ein für alle verständlicheres Glossar und bestand die Klausur zur Kosten- und Leistungsrechnung, bei der auch heutzutage immer noch meist mehr als 50 % der Studenten durchfallen. Vielleicht kann sein Buch ein kleiner Beitrag dazu sein, Negativerfahrungen für Lernende und Lehrende zu vermeiden. Darüber würde er sich sehr freuen, genauso wie über konstruktive Vorschläge zur weiteren Verbesserung dieses Buches.

Michael Holtschulte, Jahrgang 1979, lebt und arbeitet als freiberuflicher Cartoonist, Karikaturist und Illustrator in Herten. Seine Cartoons und Karikaturen werden in Zeitungen (u. a. Westdeutsche Allgemeine

Zeitung, Bild am Sonntag) und Magazinen (Deadline, Mac Life u.v.m.) abgedruckt. Darüber hinaus arbeitet er für verschiedene Werbeagenturen, Postkarten-, Kinderbuch- und Spielverlage. In Büchern findet man seine Cartoons u. a. in „Tot aber lustig", „Ganz großes Kino" oder „Das liebe Buch". Im März 2010 ist das Buch „Fiese Bilder 2" bei Lappan erschienen, an dem er ebenfalls mit vielen Cartoons beteiligt ist, kurz darauf „iVolution für Apple-Fans", ebenfalls bei Lappan. Bekannt ist vor allem seine Webseite *www.totaberlustig.de*, auf der jede Woche ein neuer Cartoon veröffentlicht wird und die inzwischen von mehr als 60.000 Besuchern im Monat angesehen wird.

Hier eine Übersicht über die Piktogramme:

Lampe – am Ende des Abschnitts wird kurz und knapp gezeigt, was im Kapitel näher beleuchtet wurde.

Rufzeichen – ein besonders wichtiger Absatz, der invers dargestellt wird. Was Sie gelesen haben, will Ihnen zu einem Aha-Moment verhelfen und damit ist das Ganze einfach zu merken.

Hantel – hier ist weiteres Training notwendig. Die Angaben zu den Übungen dieses Buchs befinden sich im Anhang. Die Lösungen stehen auf der Internetseite zum Buch.

Auge – diesen Abschnitt sollten Sie sich genauer ansehen. Hier wird auf größere Zusammenhänge hingewiesen oder Sie finden Einzelheiten, die das Verständnis erleichtern.

Buch – weiterführende Informationen, die eine Vertiefung des Stoffs bieten und die Sie auf der Website des Verlags finden.

Internet – gibt Internetseiten an, auf denen Sie inhaltliche Ergänzungen finden. Darüber hinaus werden unter *www.pearson-studium.de* die Lösungen zu den Übungsaufgaben im Anhang ebenso wie weitere Vertiefungsmöglichkeiten des Stoffs angeboten.

Mein herzliches Dankeschön

Vielen Dank an die mich sehr intensiv bei der Arbeit begleitende Lektorin Irmgard Wagner. Sie hat mich sehr geduldig beim Entstehungsprozess dieses Werks begleitet, mir zahlreiche Anregungen und Ideen zur Verbesserung des Verstehens für den noch nicht geübten Kostenrechner gegeben.

Vielen Dank auch an meine Frau, für ihre Unterstützung mit guten Ideen, die sie als ebenso fachfremde wie wissbegierige Mentorin mit einbrachte.

Danke natürlich auch dem Verlag Pearson Studium für das Vertrauen, das sie einem Greenhorn wie mir als Sachbuchautor entgegenbrachten.

Vielen Dank an Martina Messner für den professionellen Satz und Layout. Ebenso geht mein Dank an Petra Kienle, dass Rechtschreibung und Satzbau „fälervrei" geworden sind.

Vielen Dank an den Fachlektor, Prof. Pohl, der alles auf betriebswirtschaftliche Korrektheit checkte, aber auch methodische und sprachliche Verbesserungsvorschläge einbrachte, die das Buch verbesserten.

Natürlich habe ich dieses Buch nicht für mich geschrieben, sondern für Sie, liebe Leserin und lieber Leser. Ich hoffe, Sie haben Spaß und Freude mit diesem Buch und für Ihre materielle und zeitliche Investition einen Kompetenzgewinn, also einen maximalen individuellen Nutzen für sich. Denken Sie daran, dass es sich in Bewegung oft besser lernt, Bewegung überhaupt notwendig ist für Ihre Gesundheit, egal ob im Fitness-Studio oder draußen in der schönen Natur oder in einer anderen Sportstätte. Bei der Vermittlung und dem Training dieser kostenrechnerischen Themen in Seminaren und im Unterricht arbeite ich aus methodischen Gründen mit Jonglagebällen zur besseren Lernunterstützung. Ich würde mich sehr freuen, Sie bei einem meiner Workshops persönlich begrüßen zu dürfen.

Nun geht es los! Viel Spaß dabei!

Peter Schäfer   *mail@peter-schaefer-seminare.de*
Michael Holtschulte   *info@holtschulte.com*

Am Tag, als der Regen kam …

Wozu wird eine Kosten- und Leistungsrechnung benötigt?
Am Tag, als der Regen kam ...

Heute ist der 27. Juni und es regnet!

Harry Weißich ist bereits seit zwei Jahren mit dabei im Team der macchiato Fitness-Studios. Er ist 35 Jahre jung und ein ziemlich cleverer, umsichtiger und kompetenter Kostenrechner, ein Controller, wie ihn sich jeder Chef wünscht und benötigt. Nebenberuflich hatte er hier bereits mitgearbeitet und einen Controllerjob in einer anderen Firma ausgeübt. Nun möchte er eine Kosten- und Leistungsrechnung für die macchiato Fitness-Studios aufbauen.

Gerade ist er im Gespräch mit **Tina Tippich**, der 25-jährigen Finanzbuchhalterin dieses Unternehmens, das seit drei Jahren existiert und nun bereits vier Fitness-Studios betreibt. Aber lauschen wir doch mal dem Gespräch.

Dabei hatten sich beide auf einen ruhigen Sommer gefreut, nach dem starken Wachstum und der Neueröffnung des vierten Fitness-Studios. Nun müssen die Kundenbedürfnisse der zahlreichen Kunden, die die vier Studios überfluten, befriedigt werden. Aber auch die zunehmenden Zahlungen und die damit zusammenhängenden Informationen zu Kosten und Leistungen sind zu erfassen. Hierzu sind eine strukturierte Datenerfassung und eine zielgerichtete Auswertung notwendig, um die richtigen und passenden betriebswirtschaftlichen Entscheidungen treffen zu können. Auch in zu vielen Aufträgen ist schon so manche Firma ertrunken und anschließend untergegangen. Um immer zahlungsfähig zu bleiben, die Qualität der Dienstleistungen und Angebote zu behalten und am Jahresende auch einen angemessenen Gewinn zu erzielen, dazu kann die Kosten- und Leistungsrechnung beitragen.

Aber beginnen wir zunächst von vorne, sehen wir uns die Firmengeschichte mal genauer an.

Firmengeschichte der macchiato Fitness GmbH

Einzelunternehmung

Der Eigentümer und Geschäftsführer dieser kleinen, aber erfolgreichen Firma ist **Axel Wichtich**. Er ist gerade 40 Jahre alt geworden und hat nach seinem Abschluss als Physiotherapeut viele Jahre in verschiedenen Firmen als Fitness-Trainer gearbeitet. Als er vor nun drei Jahren seinen Traum realisierte und sein erstes eigenes Fitness-Studio eröffnete, arbeitete er selber als Trainer und „Mädchen für alles" dort selbst und ständig. Es war eine schwierige und anstrengende Zeit, an die er dennoch gerne zurückdenkt, da er den Mut aufbrachte, seine eigene berufliche Existenz zu gründen. Er machte sein Hobby zu seinem Beruf und es gelang ihm, seine Kunden in seinem Studio derart für den Sport und seine Fitness-Angebote zu begeistern, dass immer mehr Kunden dazukamen. Und Axel verspürt noch immer ein Glücksgefühl bei seiner Arbeit. Eine wichtige Voraussetzung für seinen Erfolg.

Dann lernte er **Harry Weißich** kennen, der vor zwei Jahren bei ihm begann, die **kaufmännischen Prozesse** zu steuern. Dadurch konnte sich Axel verstärkt um das kümmern, was er besonders gut kann und was ihm besonderen Spaß macht: für seine Kunden im Fitness-Training da zu sein. Diese **Arbeitsteilung** war sehr erfolgreich, so dass noch mehr Kunden hinzukamen. Somit mussten weitere Fitness-Trainer und Sportstudenten engagiert werden, um dann in zwei Studios die Kunden exzellent zu betreuen. Am Anfang bewältigte Harry die Buchführung selber, gab sie dann aber an einen Steuerberater ab.

Grundsätzlich gilt: Alles, was Sie in Ihrer Firma selber erledigen können, sollten Sie auch tun. Auch ein exzellenter Steuerberater kann Ihnen Ihre Buchungen und Zahlen immer nur mit einer zeitlichen Verzögerung zur Verfügung stellen. Steuern Sie Ihr Unternehmen mit Ihren Zahlen lieber selber und direkter, als es mittels eines Dritten und auch noch mit zeitlicher Verzögerung erfolgen kann. Als Grenze und auch Schutz vor eigener Überforderung sollte man sich natürlich immer auf seine Kernkompetenzen konzentrieren. Aber dies ist ein weiteres Thema.

Vor einem Jahr wurde das dritte Studio eröffnet und die **Buchhalterin Tina Tippich** eingestellt. Dadurch konnte die Buchführung wieder zurück in die Firma geholt werden.

GmbH (Gesellschaft mit beschränkter Haftung)

Mit dem vierten Studio und der Gründung einer GmbH gab Harry seinen Job bei seiner alten Firma auf und kümmert sich seitdem hauptberuflich um den Aufbau einer Kosten- und Leistungsrechnung bei der macchiato Fitness GmbH.

Axel war gut beraten, den nächsten Schritt zu gehen und seine Einzelunternehmung, bei der er auch eine private **Haftung** eingegangen war, in eine GmbH zu verändern. Bei dieser **Rechtsform** gibt es grundsätzlich keine Haftung der Gesellschafter mit ihrem Privatvermögen, denn die Haftung ist auf das Vermögen der GmbH begrenzt. Weiterhin konnte Axel einen **Arbeitsvertrag** mit seiner GmbH für sich als **Geschäftsführer** schließen und bezieht nun ein konstantes und regelmäßiges Einkommen. Dies ist natürlich nur solange möglich, wie diese **Personalkosten** auch erwirtschaftet werden. Aber genau darum geht es ja in diesem Buch zur Kosten- und Leistungsrechnung.

Die Umfirmierung oder Umwandlung in die GmbH hat einen passenden Mantel für diese junge, aber stark expandierende Firma gebracht. Axel konnte seinen Mitarbeitern Harry und Tina eine Kapitalbeteiligung und damit auch eine Gewinnbeteiligung an der Firma anbieten.

Rechnungswesen

Ohne eine ordnungsgemäße Buchführung, die die fleißige Tina Tippich äußerst korrekt und kompetent erledigt, kann keine Firma überleben. Aber wozu auch noch freiwillig ein sogenanntes **Internes Rechnungswesen** einführen, das auch als Kosten- und Leistungsrechnung bezeichnet wird?

Den Nutzen werden Sie genau in diesem macchiato-Buch erfahren.

Das Rechnungswesen besteht aus drei Bereichen: Der Finanzbuchhaltung, der Kosten- und Leistungsrechnung und der Statistik.

In der Finanzbuchhaltung verbucht Tina alle Geschäftsvorfälle. Sie achtet auch darauf, dass immer alle Rechnungen bezahlt und von allen Kunden die monatlichen Beiträge eingezogen werden. Außerdem übernimmt sie auch noch vorbereitende Arbeiten für den Jahresabschluss, so dass für das Finanzamt eine sogenannte Steuerbilanz und für die Gesellschafter und Gläubiger eine sogenannte Handelsbilanz erstellt werden können.

In der **Kosten- und Leistungsrechnung**, die Axel nun für diese Firma aufbaut, sollen die tatsächlichen Kosten ermittelt werden. Dadurch können **Kalkulationen** durchgeführt werden, um die Preise für die angebotenen Dienstleistungen und verkauften Produkte zu ermitteln. Die Angebotspreise müssen über den tatsächlichen Kosten liegen, damit ein Gewinn erzielt werden kann.

Manchmal ist es sinnvoll, dazu eine **Statistik** zu erstellen. Z.B. möchte Axel wissen, wie viele Kunden monatlich die jeweiligen Studios auch tatsächlich an welchen Tagen besuchen. Dazu wird dann das Datenmaterial durch Tina und Axel erstellt, bearbeitet und präsentiert, so dass eine übersichtliche und anschauliche Darstellung der Zahlen auch grafisch erfolgen kann.

Nun sehen Sie die beiden Kernbereiche des Rechnungswesens. Mit der **Finanzbuchhaltung** beschäftigen wir uns nur kurz und überblicksartig, mit der Kosten- und Leistungsrechnung intensiv und möglichst anschaulich und verständlich. Das ist das Ziel dieses Buches.

Die Adressaten der Buchführung sind **Externe**, also außerhalb der Firma stehende Personen, wie z.B. Gläubiger oder das Finanzamt. Deshalb wird die Buchführung auch als **Externes Rechnungswesen** bezeichnet. Diese Informationen sind auch für Gesellschafter und Mitarbeiter interessant.

Aber natürlich haben auch die Unternehmen einen **Nutzen** von ihrer ordentlichen Buchführung, indem sie Klarheit über ihren aktuellen Stand bekommen. Einerseits kann das Vermögen und andererseits können die Schulden erfasst werden, um aus der Differenz das **Eigenkapital** zu berechnen. Ebenso kann die **Liquidität**, also Zahlungsfähigkeit, so gesteuert werden, dass die Rechnungen immer pünktlich bezahlt werden können. Ihr Erfolg, also ein **Gewinn** oder ein **Verlust**, ist mit der Buchführung zu ermitteln, zumindest am Ende des Geschäftsjahres.

Und diese Zahlen aus der Buchführung liefern Ihnen die Basis für Ihre Kostenrechnung. Sie wollen sich ja nicht selber betrügen! Also achten Sie auf Ihre korrekte und zeitnahe Buchführung, auch in Ihrem Interesse.

Hier kann ich natürlich nicht die komplette Buchführung erklären, dafür benötigt man ein ganzes Buch. Dies ist bereits als macchiato-Finanzbuchhaltung vorhanden. Aber keine Angst, auch ohne dieses Buch können Sie die Kosten- und Leistungsrechnung verstehen. Für die macchiato Fitness GmbH liefert Tina alle Zahlen aus der Buchhaltung, auf die wir uns verlassen können. Und auch Axel und Harry vertrauen darauf. Axel kennt sich mit der Buchführung auch nicht aus und wird durch Harry mit den relevanten Informationen versorgt, damit auch er die Kosten- und Leistungsrechnung verstehen lernt. Denn einen Überblick über die Methoden und Instrumente sollte Axel schon erhalten, damit er die Firma mit den vier Studios weiterhin erfolgreich führen kann.

Falls Sie sich bereits mit der Finanzbuchführung beschäftigt haben, so finden Sie einen kurzen Überblick im Internet dazu. Dies kann Ihnen als Auffrischung dienen.

Internes Rechnungswesen oder Kosten- und Leistungsrechnung

In der freiwilligen Kosten- und Leistungsrechnung geht es um die korrekte, verursachungsgerechte Kostenermittlung. Dadurch erhält man Informationen für betriebswirtschaftlich sinnvolle Entscheidungen. Man erhält dadurch also mehr **Transparenz**! Kostenrechnung benötigt jede Firma für u.a. folgende **Entscheidungen**:

■ Welche Preise nehmen Sie von Ihren Kunden (**Preisuntergrenzen**)?

■ Wie hoch dürfen Ihre Kosten im Einkauf sein (**Preisobergrenzen**)?

Nehmen wir an, die **Personalkosten** betragen 90 € für eine **Coachingstunde**, dann dürften die Materialkosten nur 5 € betragen. Also entweder kaufen Sie das dafür benötigte Material (z.B. Flipchart-Papier, Stifte usw.) zu einem günstigeren Preis innerhalb dieses maximalen Betrages von 5 € ein oder Sie minimieren den Materialeinsatz.

■ Wie verhalten sich geplante Kosten zu tatsächlichen Kosten (**Wirtschaftlichkeitskontrolle**)?

Wer kennt das nicht? Die geplante Urlaubsreise sollte 1.800 € kosten. Anschließend war man voller toller Eindrücke und Erlebnisse, hoffentlich auch erholt, aber das **Budget** wurde überschritten. Klar, im Urlaub saß das Geld lockerer und man genoss das Leben in vollen Zügen. Man hatte zwar eine schöne Zeit verbracht, aber das Konto war erst wieder aufzufüllen, denn man hatte mehr ausgegeben als geplant.

Manche vertreten zwar den Ansatz „**Planung** ist das Ersetzen von Zufall durch Irrtum". Dennoch macht es Sinn, privat wie auch geschäftlich, durch den Vergleich der geplanten oder üblichen Zahlen mit den tatsächlichen Kosten eine **Wirtschaftlichkeitskontrolle** zu ermöglichen. Nur so erkennt man, ob man über seinen Verhältnissen gelebt hat, z.B. auf Privat-, wie auch auf Geschäftsreisen.

■ Wie sieht der Erfolg für den letzten Monat (kurzfristige **Erfolgsermittlung**) aus?

Haben die **Erträge** im letzten Monat die jeweiligen Kosten gedeckt und damit einen Gewinn erzielt? Oder blieb ein Studio noch in der Verlustzone hängen? Bevor man böse Überraschungen am Jahresende aus der Buchführung erfährt, sollte man kurzfristiger, also z.B. monatlich die Erfolge der einzelnen Studios beobachten. Dies und noch mehr erfahren Sie Schritt für Schritt in den nachfolgenden Kapiteln.

■ Wie bewerten wir am Jahresende **Halb- und Fertigprodukte** und **Eigenleistungen**?

Eventuell selber hergestellte Halb- und Fertigprodukte, die am Jahresende noch im Lager herumliegen, müssen in der Buchführung zu den **Herstellkosten** bewertet werden. Auch dazu benötigt die macchiato Fitness GmbH die Kosten- und Leistungsrechnung. Damit können auch verursachungsgerecht die selbst erstellten Geräte für die Studios (**Eigenleistungen**) bilanziert werden.

Klarheit im Zahlenmaterial, das die tatsächliche Geschäftstätigkeit abbildet, ist die unabdingbare Voraussetzung, um zumindest zu wissen, was ein Workshop, ein Gerät, ein PKW, ein Kunde, ein Fitnessstudio, usw. tatsächlich verursachungsgerecht kosten. Dass diese Kosten nicht die alleinige Basis für Entscheidungen bilden, werden wir uns im Laufe dieses macchiato-Buches noch kritisch und vertiefender ansehen. Kosten (siehe Kostenarten im Kapitel 2) sind eine Seite der Medaille, denn ihr gegenüber stehen die Nutzen. Dies sehen wir uns im Kapitel 9 noch am Beispiel der Nutzenkategorien genauer an.

Was leistet die Kosten- und Leistungsrechnung?

■ **Verursachungsgerechte Kostenermittlung:** Mit der **Transparenz**, die durch die relevanten Zahlen, Daten und Fakten im Fitness-Studio und jeder anderen Firma erreicht wird, lassen sich die Kosten für ein Produkt oder eine Dienstleistung verursachungsgerecht ermitteln. Alle tatsächlichen Kosten für die Herstellung, Verwaltung und den Vertrieb der Produkte oder Dienstleistungen sehen wir uns im Kapitel 6 zur Preiskalkulation noch ganz genau an.

Top-Handy und auch noch preisgünstig!

Ein preisgünstiges Handy wird wohl kaum Top-Qualität haben.

Mein Markenhandy ist das Beste.

Die Kosten- und Leistungsrechnung hilft bei der **rationalen Entscheidungsfindung** bei betriebswirtschaftlichen Entscheidungen. Den **Homo Oeconomicus**, den rational handelnden Menschen als Unternehmer, Konsumenten oder sonstigen Entscheider im Wirtschaftssystem findet man nur in der grauen Theorie. Wir sind alle Menschen mit individuellen Präferenzen und Handlungsweisen, ähneln also eher dem

Homo Psychologicus, dem emotionalen, oft irrational handelnden nicht immer voll informierten Menschen, der im Alltag vorkommt. Und somit liefert die Kosten- und Leistungsrechnung nur die Daten und Methoden, die der Manager und Unternehmer für seine Entscheidungen nutzt.

Es gibt manchmal auch **irrationale Entscheidungen**, z.B. aus Imagegründen. Und das hochpreisige Produkt muss nicht immer das qualitativ beste sein. Ein Beispiel wären Smartphones. Die Fakten sprechen eindeutig für das kostengünstigere und auch qualitativ hochwertige Produkt. Dennoch entscheiden sich viele Millionen Konsumenten und selbst aufgeklärte Verbraucher aus Imagegründen für das hochpreisige, qualitativ nicht immer überzeugendste Produkt. Ihnen fallen sicher weitere aktuelle Beispiele dazu ein?

■ Die **Wirtschaftlichkeitskontrolle** betrachtet vorher geplante mit tatsächlich angefallenen Kosten. Vielleicht haben Sie schon von einem **Soll-Ist-Vergleich** gehört, der ein wesentliches Ziel der Kosten- und Leistungsrechnung ist. Im **Zeitvergleich** zur Vorjahresperiode oder zur Entwicklung der letzten Monate werden die tatsächlich angefallenen Kosten verglichen und es sollte dann nach den Ursachen für diese Abweichungen geforscht werden.

■ Die **Kalkulationen** der Angebotspreise sind wichtige Aufgaben, die mit Hilfe der Kostenrechnung erfolgreich, weil verursachungsgerecht gelöst werden können. Durch die Ermittlung der tatsächlich entstandenen Kosten, hat man automatisch die absolute **Preis-untergrenze** ermittelt. Diese gesamten Kosten für die Herstellung und Auslieferung bis zum Kunden werden auch als **Selbstkosten** bezeichnet. Tiefer in diese Thematiken werden Sie dann im sechsten Kapitel **Preiskalkulation** eintauchen. Dort werden Sie alles Notwendige zu den üblichen und praxisrelevanten Methoden der Kalkulationen erfahren.

Die **Kosten- und Leistungsrechnung** soll Transparenz in die Prozesse, Abteilungen und Kostenträger (Produkte und Dienstleistungen) bringen. Sie dient damit der Wirtschaftlichkeitskontrolle und kann rechtzeitig auf Fehlentwicklungen hinweisen. Die **Finanzbuchhaltung** bietet die Datenbasis, um eine verursachungsgerechte Kostenkalkulation durchzuführen. Ein Ziel ist es, die tatsächlich anfallenden Kosten zu ermitteln und davon ausgehend die Angebotspreise festzusetzen.

Die Kosten- und Leistungsrechnung ist somit ein wichtiges Steuerungsinstrument, ein Controlling-Instrument, um das Unternehmen weiterhin auf Kurs zur geplanten Zielerreichung zu halten, notfalls auch mit Kurskorrekturen.

Fix oder variabel, das ist hier die Frage

Kostenartenrechnung

Fix oder variabel, das ist hier die Frage

Nachdem Sie die Gründe für die Notwendigkeit einer Kosten- und Leistungsrechnung kennengelernt haben, werden Sie in diesem Kapitel die einzelnen Kostenarten kennenlernen. Sie werden fixe und variable Kosten voneinander unterscheiden können. Auch Mischkosten werden Sie in deren variable und fixe Anteile aufspalten können. Dies ist notwendig, um zu sehen, ab wann man in die Gewinnzone kommt.

Beim ersten Fitness-Studio hatte Axel überwiegend seine Entscheidungen aus dem Bauch getroffen. Mit dieser intuitiven Methode lief nicht immer alles optimal, so dass er nun bereit ist, sich mit Harrys Methoden auseinanderzusetzen. Dies ist zur Erlangung von mehr Transparenz mit Hilfe einer aussagekräftigen Kosten- und Leistungsrechnung auch nötig.

Jetzt macht sich Axel mit Harrys Unterstützung an die Arbeit, im neuen vierten Studio mehr **Transparenz** und damit Klarheit im ökonomischen Bereich zu erhalten. Auf dieser Grundlage kann er bessere, mit Zahlen, Daten und Fakten unterlegte Entscheidungen treffen. Sein gutes Bauchgefühl wird er weiter mit in seine Entscheidungen einbeziehen. Nun möchte er vollkommenere Informationen über seine Firma und die vier Studios erhalten. Und gerade bei wachsenden Unternehmen ist die Kosten- und Leistungsrechnung ein unverzichtbares Steuerungsinstrumentarium.

Spezielle Kennzahlen für die Studios, die dem Body-Mass-Index von Menschen oder Tieren vergleichsweise entsprechen, werden in den nachfolgenden Kapiteln vertiefender dargestellt.

Harry schlendert mit Alex durch das neue vierte Studio, um sich umzusehen, welche Kosten hier genau anfallen.

Fixe Kosten

> Die **fixen Kosten** fallen z.B. für die Miete der Geschäftsräume an. Auch in der Schließungszeit der Studios fallen diese Kosten, wie auch die Gehaltskosten für die fest angestellten Mitarbeiter, weiterhin an. Deshalb nennt man diese Kosten auch Bereitstellungskosten für die Firma oder beschäftigungsunabhängige Kosten. Weitere Beispiele für fixe Kostenarten sind: Versicherungen, Zinsen, **Abschreibungen**, Kammer-Beiträge, usw. Jeden Monat sind diese fixen Kosten zu bezahlen, egal ob viele oder wenige Kunden das Fitness-Studio besuchen. Sie sind somit beschäftigungsunabhängig.

Abschreibungen

Vielleicht haben Sie bereits von Abschreibungen gehört? Die Abkürzung AfA (**Abschreibungen**, die korrekte steuerrechtliche Bezeichnung dafür lautet Absetzung für Abnutzung) bezeichnet die Verteilung der Vermögenswerte, ob für Sportgeräte, PC oder auch Häuser, auf deren Nutzungsdauer. Die jährlichen **linearen** (oder konstanten) **Abschreibungen** für die Sportgeräte in der Finanzbuchhaltung ermittelt man, indem die jeweiligen Neuwerte durch die Jahre der Nutzung geteilt werden.

Weitere Informationen zu den AfA-Tabellen erhalten Sie auf der Homepage des Bundesfinanzministeriums *www.bundesfinanzministerium.de*. Dort können Sie branchenspezifische AfA-Tabellen sich ansehen. Für die

Fitnessstudios z.B. unter dem Wirtschaftszweig „Heil-, Kur-, Sport- und Freizeitbäder".

Alle Vermögenswerte müssen in der Finanzbuchhaltung abgeschrieben werden, d.h. die Anschaffungskosten werden auf die Nutzungsdauer verteilt. In der Kostenrechnung sind die **Wiederbeschaffungskosten** auf die **tatsächliche Nutzungsdauer** zu verteilen, damit man aus den Verkaufserlösen auch die nächsten Investitionen tätigen kann. Da diese Beträge in der Kostenrechnung gegenüber den in der Finanzbuchhaltung gebuchten Abschreibungen oft höher liegen, spricht man von **kalkulatorischen Abschreibungen**. Kalkulatorische Kosten liegen also immer dann vor, wenn in der Buchhaltung dieser Aufwandsbetrag nicht anfällt oder den Aufwand in der Buchhaltung übersteigt oder niedriger liegt. Weitere Beispiele kalkulatorischer Kosten wären kalkulatorische Miete, kalkulatorischer Unternehmerlohn und kalkulatorische Zinsen.

Sie sehen die beiden unterschiedlichen Abschreibungsbeträge aus der Finanzbuchhaltung als buchhalterische Abschreibung und in der Kostenrechnung als kalkulatorische Abschreibung in der nachfolgenden Tabelle gegenübergestellt.

Kalkulatorische Abschreibungen	Buchhalterische Abschreibungen
Sportgeräte Wiederbeschaffungspreis 30.000 Nutzungsdauer 10 Jahre = tatsächliche Nutzungsdauer	Sportgeräte Anschaffungspreis 20.000 Nutzungsdauer 10 Jahre → gemäß AfA – Tabelle
Jährliche AfA 3.000 (30.000 : 10)	Jährliche AfA 2.000 (20.000 : 10)

In unseren Beispielen beträgt die Nutzungsdauer in beiden Fällen jeweils zehn Jahre. In der Praxis weicht die tatsächliche Nutzung der Geräte häufig von der vorgegebenen Zeitangabe in den AfA-Tabellen der Finanzverwaltung ab. Bei kürzerer Nutzung der Sportgeräte würden die kalkulatorischen AfA-Beträge noch mehr ansteigen.

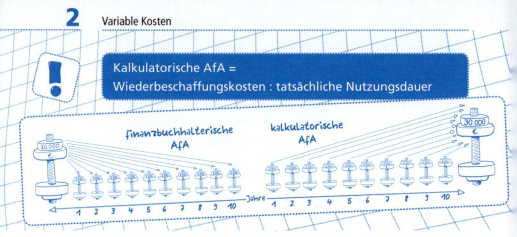

Kalkulatorische AfA =
Wiederbeschaffungskosten : tatsächliche Nutzungsdauer

In der Kostenrechnung wird der jährlich errechneten Betrag von 3.000 €
für die kalkulatorischen Abschreibungen in die Produkt- oder Dienst-
leistungspreise eingerechnet. Die Kunden zahlen somit die Summe von
30.000 € binnen zehn Jahren. Somit können dann die neuen Sportgeräte angeschafft werden, da die Liquidität bei entsprechender Planung
zur Verfügung steht.

Variable Kosten

Variable oder **flexible Kosten** dagegen fallen nur dann an, wenn die
Kunden trainieren, die Sauna nutzen und anschließend an der Bar etwas
trinken, d.h., es sind **beschäftigungsabhängige Kosten**.

Beim Verkauf der Produkte (Getränke, Fitness-Geräte, Bücher, DVDs
und CDs) fallen die **Einkaufspreise** als variable Kosten für das Studio
an. Denn diese Produkte sind nur dann einzukaufen und zu bezahlen,
wenn die Kunden danach verlangen. Natürlich ist der Einkauf vor dem
Verkauf vorzunehmen und somit eine Disposition durch das Management notwendig.

Bei Dienstleistungen, die im Studio als Trainingsbetreuung und in speziellen Trainingskursen angeboten werden, sind die **Honorare** für die freiberuflichen, also nicht fest angestellten Trainer, variable Kosten. Denn
die Honorare werden nur dann gezahlt, wenn diese Trainer arbeiten.

Durch mich entstehen immer große, schwer veränderbare Kosten!

Ich bin da eindeutig flexibler und meist auch leichter!

Mich findet man immer doppelt, mit Anteilen von meinen beiden Eltern!

FIX   FLEX   MIX

Mischkosten

Neben den fixen Kosten und den variablen Kosten gibt es auch Kostenarten, die beiderlei Bestandteile in einer Kostenart vereinen, sogenannte Mischkosten oder **Mixkosten**. Typische Beispiele dafür sind Stromkosten, Wasserkosten und auch Heizkosten. Eine Grundgebühr fällt immer, also verbrauchsunabhängig, an. Die Aufspaltung in die fixen und variablen Kostenanteile ist nicht immer leicht. Sie ist dennoch notwendig, um eine verursachungsgerechte Kostenrechnung durchzuführen, um zu korrekten Ergebnissen zu gelangen.

Gerade die **Stromkosten** sind ein gutes Beispiel für Mischkosten. Strom z.B. für den Kühlschrank fällt immer an, für die Leuchtreklame jedoch nur nachts. Somit sind dies beschäftigungsunabhängige, fixe Kosten. Egal, ob ein Kunde kommt oder nicht, fallen diese Kosten also immer an! Andererseits verursachen die Kunden durch ihre Nutzung der Sportgeräte, der Räume und der Kaffeemaschinen variable Stromkosten.

Diese **Aufspaltung** der Kosten für den Strom in variable und fixe Anteile kann mit folgender Methode gelingen: In einer Schließungszeit wird der Stromverbrauch vom Stromzähler für diesen Zeitraum, z.B. für eine Woche, mit 100 kWh abgelesen. Dann sind also 100 kWh als monatlicher Fixkostenanteil anzunehmen, da auch ohne Kundenbetrieb diese

Bereitschaftskosten anfallen. Den Rest zum tatsächlichen monatlichen oder jährlichen Verbrauch kann man somit als variablen Stromkostenanteil ansehen.

Diese Mix- oder Mischkosten in fixe und variable Anteile aufzuspalten, ist eine Voraussetzung für die verursachungsgerechte Kostenartenrechnung. Typische Beispiele für Mixkosten sind Strom- und Heizkosten, aber auch Wasserrechnungen, die häufig fixe Bereitschaftskosten und variable Be- und Entwässerungsentgelte enthalten.

Viele Firmen machen es sich einfach. Häufig werden **Mischkosten** nicht sauber aufgespalten. Die fehlerhafte Aufspaltung aller Kosten in fixe und variable Anteile verursacht falsche Aussagen und führt dann zu Fehlern bei der Berechnung der Gewinnschwelle.

Kostenarten können entweder **fix** oder **variabel** sein oder eine Mischung aus beiden Kostenarten. Sie unterscheiden sich je nach ihrer Veränderung (variabel) oder Starrheit (fix) bei der Leistungserstellung.

Kostenarten im neuen vierten Studio D

In Harrys erster und noch unvollständiger **Kostenübersicht** des vierten macchiato Fitness-Studios kommen sowohl fixe, als auch variable Kosten vor. Die Mixkosten werden bereits in fixe und variable Kostenanteile aufgespalten. Zur leichteren Übersichtlichkeit werden die Mischkosten kursiv dargestellt!

Wir konzentrieren uns zunächst auf die monatlichen Kosten, um einen schnelleren Überblick zu erhalten. Wichtig sind auch die prozentualen Anteile der jeweiligen Kostenarten an den Gesamtkosten, um deren ökonomische Bedeutung besser zu beurteilen. Hierdurch kann man eher relevante und dominierende Kosten (wie z.B. Miete und Personalkosten) erkennen.

Einen ersten Überblick über die im neuen vierten Studio D anfallenden Kosten finden Sie in der nachfolgenden Tabelle. Zur leichteren Übersichtlichkeit werden die durchnummerierten Kostenarten jeweils mit den Ziffern im anschließenden Text erläutert.

Kostenübersicht für Studio D

	Kostenarten			pro Jahr in €	mtl. in €	in %
fix	1.Miete	250 m²	9 €/m²	27.000	2.250	35,1%
		Neuwert	AfA in Jahren			
fix	2.Sportgeräte	30.000	10	3.000	250	3,9%
fix	2.Sauna	5.000	8	625	52	0,8%
		Jahresbrutto+SV	Personen			
fix	3.Personal	25.000	1	25.000	2.083	32,5%
fix	4.Reinigung		1	5.400	450	7,0%
fix	5.Versicherungen			3.500	292	4,5%
fix	5.Verbands-Beiträge			800	67	1,0%
fix	5.Wasser-Grundgebühr			500	42	0,6%
fix	5.Strom	0,20 €/kWh	3.000 kWh	600	50	0,8%
fix	5.Heizung	0,35 kWh	1.000 kWh	350	29	0,5%
	Summe Fixkosten			**61.025**	**5.085**	**79,3%**
		Preis/Menge	Mengen			
var.	6.Wasser	4 €/m³	300 m³	1.200	100	1,6%
var.	6.Strom	0,20 €/kWh	9.000 kWh	1.800	150	2,3%
var.	6.Heizung	0,35 €/kWh	6.000 kWh	2.100	175	2,7%
var.	7.Honorartrainer	15 €/Std.	60 Std. mtl	10.800	900	14,0%
	Summe variable Kosten			**15.900**	**1.325**	**20,7%**
	Gesamtkosten			**76.925**	**6.410**	**100,0%**

Fixe Kosten im Studio D

Mit den Kosten für die Miete und für den angestellten Trainer sind die größten fixen Kostenbrocken benannt. Zusammen mit den restlichen fixen Kosten ergibt sich mit fast 80 % der Gesamtkosten ein großer unbeweglicher **Fixkostenblock**.

Die **Mietkosten** sind für fast jede Firma eine bedeutende Kostenart. Sollte die Firma eigene Räumlichkeiten besitzen, würden diese Aufwendungen für die Miete nicht in der Finanzbuchhaltung anfallen (bzw. nur in Form von Abschreibungen, Reparaturaufwendungen für die Räume etc). Dann wäre es jedoch sinnvoll, eine übliche Miete als **kalkulatorische Miete** (kalkulatorische Kosten) mit in die Kostenrechnung hineinzunehmen, um vergleichbar zu bleiben. Außerdem könnten die Räume ja vermietet werden, falls man sie nicht selber nutzen möchte und somit könnten Erträge erzielt werden. Entgangene Gewinne werden in der Kostenrechnung als Kosten betrachtet!

Entgangene Erlöse gelten in der Kosten- und Leistungsrechnung als Kosten. Deshalb werden sogenannte kalkulatorische Kosten angesetzt, z.B. als kalkulatorische Miete für selbstgenutzte eigene Räume. Weitere Beispiele sind kalkulatorischer Unternehmerlohn und kalkulatorische Zinsen.

Die **Sportgeräte** und die Sauna werden in der Kostenrechnung jeweils mit den erwarteten Wiederbeschaffungswerten angesetzt. Die tatsächliche Nutzungsdauer bildet den Zeitraum, über den diese Wiederbeschaffungskosten verteilt werden.

Nach 8 Jahren hätte die Firma das Geld für die neue Sauna (8 mal 625 € = 5.000 €) in die Kasse bekommen, also verfügbar in den Händen. Da aber die neue Sauna dann jedoch bereits 6.500 € kosten würde, müssen diese **Wiederbeschaffungskosten** angesetzt werden.

Falls man erwartet, dass die Sauna bereits nach 5 Jahren unbrauchbar wird, könnte man die **Abschreibungsdauer verkürzen** und müsste somit jedes Jahr höhere AfA-Beträge auf die Produkte kalkulieren.

6.500 € auf 5 Jahre tatsächliche Nutzung verteilt, bedeutet kalkulatorische AfA in Höhe von 1.300 € (6.500 € : 5) jährlich. Nach 5 Jahren hätte Harry dann das Geld für eine neue Sauna in den Händen und könnte erneut in eine schöne Sauna investieren.

Es wird ein **Trainer** beschäftigt, der die Firma als fest angestellter Mitarbeiter 25.000 €, einschließlich der Lohnnebenkosten (Arbeitgeberanteile zur Sozialversicherung (SV) für Kranken-, Pflege, Renten-, und Arbeitslosenversicherung) kostet, das sind 32,5 % der Gesamtkosten des Studios. Der Trainer erhält also weniger als 2.000 € brutto monatlich, somit bleibt für ihn, je nach Steuerklasse etwas mehr als 1.000 € netto im Monat übrig.

Nicht gerade üppig, aber Axel möchte das neue Studio schnell in die Gewinnzone führen und ist somit bemüht, die Fixkosten möglichst niedrig zu halten. Dafür verspricht er dem Trainer Detlef nach erfolgreicher dreimonatiger Probezeit auch eine **Gewinnbeteiligung**.

Ab 2013 ist die Arbeit für einen sogenannten **Minijob** bis 450 € (vorher bis 400 €) monatlich sozialversicherungsfrei, d.h. für die **Reinigung** des Studios fallen nur Pauschalabgaben an.

Genaueres erfahren Sie auf der Homepage der Minijob-Zentrale: *www.minijob-zentrale.de*

Sie werden sich als aufmerksamer Leser sicher fragen, wie sich die **Personalkosten** für Axel, Harry und Tina denn niederschlagen? Nun, diese sogenannten **Gemeinkosten** werden auf alle Studios noch verteilt! Etwas Geduld bitte, in Kapitel 5 Kostenstellenrechnung erfahren Sie die Lösung dafür!

Weitere Fixkosten fallen noch für **Versicherungen**, wie die gewerbliche Haftpflichtversicherung und die Geschäftsinhaltsversicherung an. Auch die gesetzliche Unfallversicherung für die Mitarbeiter ist nicht zu vergessen. Dank Tina erhält Harry alle Zahlen aus der Buchhaltung dafür.

Verbandsbeiträge sind für die Industrie- und Handelskammer aber auch für einen Verband, in dem sich Fitness-Studios organisieren, notwendig und sinnvoll. Hier erhält die Firma Unterstützung bei diversen Fragen, preisgünstige Fortbildungsangebote und spezielle Brancheninformationen.

Die weiteren Fixkosten sind die **Grundgebühr der Wasserrechnung** für die zur Verfügung gestellte Infrastruktur, die auch ohne einen verbrauchten Tropfen anfällt. Beim **Strom** und bei der **Heizung** haben Sie die Methoden, den Fixkostenanteil zu ermitteln, bereits kennengelernt.

Variable Kosten im Studio D

Die **Verbrauchsmengen**, die jeweils variable Kosten darstellen, werden mit den Preisen multipliziert und schon stehen diese Kosten für **Wasser**, **Strom** und **Heizung** fest. Man nimmt dazu in der Kostenrechnung jeweils nur die Nettopreise, also ohne Umsatzsteuer. Die Umsatzsteuer ist für jedes umsatzsteuerpflichtige Unternehmen ein durchlaufender Posten und stellt keine Kosten dar.

Typische variable Kosten sind die **Trainerhonorare** für freiberufliche Trainer. Diese Kosten passen sich entsprechend der Inanspruchnahme durch die Kunden an. Finden alle Kurse statt, benötigt das Studio viele Trainerstunden. Bei Kursausfall wird rechtzeitig den Trainern abgesagt, so dass keine variablen Kosten für das Studio entstehen.

Der Sportstudent (Sport-Studi), der als **Honorartrainer** dem Studio flexibel, je nach Bedarf zur Verfügung steht, verursacht nur **variable Kosten** für das Studio. Dies ist eine echte Win-Win-Situation für beide: Der Student erhält umso mehr Geld, je mehr er arbeitet. Das Studio bezahlt gerne mehr Stunden, die der Trainer dann für mehr Kunden geleistet hat. Somit kann er aus den erhöhten Umsätzen finanziert werden. Wir gehen natürlich davon aus, dass neue Kunden wesentlich zum vermehrten Einsatz von Sport-Studi beigetragen haben und nicht die bereits aktiven Kunden nur ihr Trainingsprogramm ausgeweitet haben.

Mischkosten im Studio D

Mischkosten sind in unserem Studio **Wasser-, Strom- und Heizungs-kosten**. Die Wasserrechnung hat einen Fixkostenanteil für die Grundgebühr i.H.v. 500 €. Beim Strom ist der Fixkostenanteil ermittelt worden, indem in der Schließungszeit der trotzdem angefallene Verbrauch (3.000 kWh) ermittelt wurde.

Bei den Heizkosten bildet der Frostschutz die Fixkosten. Wenn das Studio nicht besucht wird, muss ja auch geheizt werden. Hierfür sind 1.000 kWh ermittelt worden, die somit als fixer Kostenanteil betrachtet werden.

Die restlichen verbrauchsabhängigen Kosten der Heizung werden als variabel angenommen, obwohl die Heizung natürlich gerade dann abgesenkt werden kann, wenn das Studio von den Kunden stark besucht wird (s. regressive Kosten im Kap. 4 Kostenanalyse).

Aus der Erfahrung wird beim neuen Studio D bei einer vorhandenen Fläche von 250 m² mit 300 Kunden als maximale **Kapazität** gerechnet. Daraus ergeben sich max. durchschnittliche Anwesenheitszahlen von bis zu 50 Kunden, die gleichzeitig im Studio trainieren möchten und könnten. Gewisse **Engpässe** könnten durch ein spezielles Preismodell reguliert werden. Hierbei kann für die eher schwächer besuchten Vormittagsstunden ein **Rabatt**, also ein **Preisnachlass** gewährt werden. Die besonders beliebten Abend- und Wochenendtermine wären dann hochpreisiger.

Jede Münze hat zwei Seiten. Bei einem Spezialtarif im Fitness-Studio wäre der Kunde dann an bestimmte Trainingszeiten fest gebunden, z.B. von 8-14 h.

In der Summe ergeben sich für das neue Studio D bei einer voller Auslastung mit 300 Kunden 6.410 € monatliche **Gesamtkosten**, 5.085 € als **fixe Kosten**, 1.325 € als **variable Kosten**. Das Problem des hohen fixen Kostenanteils mit 79,3 % wird dadurch deutlich, dass diese Kosten immer anfallen, auch bei dem neuen Studio mit derzeit noch relativ wenigen Kunden.

Die variablen Kosten passen sich der Auslastung zwar an, würden bei voller **Auslastung** nur 20,7% der gesamten Kosten des neuen Studios betragen.

Die monatlichen Fixkosten i.H.v. 5.085 € müssen jeden Monat durch ausreichende Kunden und deren **Mitgliedsbeiträge** erwirtschaftet werden. Eine echte Herausforderung.

Fixe Kosten fallen unabhängig von der Leistungserbringung immer an und sind zu bezahlen für Miete, Gehälter der fest angestellten Mitarbeiter, Zinsen, Versicherungen, Kfz-Steuern usw.

Kalkulatorische Abschreibungen unterscheiden sich von den finanzbuchhalterischen (Anschaffungskosten : Nutzungsdauer) dadurch, dass hierbei die Wiederbeschaffungskosten auf die tatsächliche Nutzungsdauer verteilt werden (Wiederbeschaffungskosten : tatsächliche Nutzungsdauer).

Variable Kosten sind beschäftigungsabhängige Kosten, wie z.B. für Energie, Material, Leistungsakkordlöhne und Honorare an Freiberufler. Je mehr Leistungen erbracht werden, umso höher werden die variablen Kosten dafür.

Mischkosten besitzen beide Anteile, also fixe und variable Kosten. Dies ist z.B. bei den Stromkosten, Wasserkosten und den Heizkosten möglich und üblich.

Ab wann kommt man aus den roten Zahlen?

Gewinnschwellenermittlung (Break-Even-Analyse)
Ab wann kommt man aus den roten Zahlen?

Dieses Kapitel beschäftigt sich damit, wie eine Firma aus roten in schwarze Zahlen kommt. Natürlich sollte dies ein Ziel jedes nachhaltig wirtschaftenden Kaufmanns sein, denn ohne einen angemessenen Gewinn ist kein Unternehmen langfristig lebensfähig. Die Grundvoraussetzung für dieses Vorhaben ist es, zunächst die tatsächliche Gewinnschwelle, d.h. den Punkt, ab dem das Unternehmen wirklich Gewinne erzielt, zu kennen.

Als Axel vor drei Jahren sein erstes Fitness-Studio eröffnete, sprang er in das eiskalte Wasser seiner Selbstständigkeit und musste – mit relativ hohen Fixkosten gestartet – lange und hart dafür arbeiten, bis genügend Kunden in sein erstes Studio kamen. In seinen ersten drei Studios hat er bereits viele zufriedene Kunden für seine Fitness-Studios gewinnen können. Nun erweitert er sein Angebot und investiert in sein viertes Studio D.

Sein Ziel auch in diesem Studio ist es, die anfänglichen **roten Zahlen (Verluste)** in **schwarze Zahlen (Gewinne)** zu verwandeln. Dabei wird er durch seine kompetenten Mitarbeiter Harry und Tina auf diesem Weg unterstützt.

Für das neue vierte Studio möchte Axel wissen, bei wie vielen Kunden die Kosten gedeckt sind. Denn danach fängt die **Gewinnzone** an und die Gewinne fließen endlich. Das Vorgehen bei der Ermittlung der **Gewinnschwelle**, ab der sich Verluste in Gewinne verwandeln, soll wie folgt sein.

Ablauf zur Ermittlung der Gewinnschwelle

Zunächst werden die Kosten erfasst, die tatsächlich hier in diesem Studio anfallen. Im zweiten Kapitel haben Sie einen Überblick dazu bereits erhalten. Tina lieferte dafür die wesentlichen Daten aus der Buchhaltung. Der zweite Schritt ist es, die Kosten in fixe und variable Anteile aufzuspalten. Auch das haben Sie bereits im zweiten Kapitel kennengelernt.

Nun wird die **Gesamtkostenkurve** ermitteln, d.h. fixe und variable Kosten zusammen bilden für die einzelnen Kundenzahlen die dadurch anfallenden gesamten Kosten. Endlich schauen wir uns die **Erlöse** an. Welche Umsätze erhalten wir für wie viele Kunden? Auch dies kann man grafisch oder in einer Funktion darstellen.

Anschließend werden Sie verschiedene Wege kennenlernen, daraus die Gewinnschwelle zu ermitteln. Bei wie vielen Kunden entsprechen die verursachten Gesamtkosten den durch die Kunden bezahlten Erlösen?

Gesamtkosten

Nun ist die Kostenseite nur die eine Seite der Medaille. Die Gesamtkosten ergeben sich aus den fixen zuzüglich den variablen Kosten für die jeweiligen Leistungen. Diese hat Harry im zweiten Kapitel für das neue Studio bereits zusammengestellt (siehe Seite 36) und in die **fixen Kosten**, die beschäftigungsunabhängigen Kosten und die **variablen Kosten**, die beschäftigungsabhängigen Kosten unterschieden.

Dem stehen die Monatsbeiträge, die die Kunden für die Betreuung im Studio bezahlen, gegenüber. Diese **Erlöse** lassen sich durch Zusatzangebote, wie Kurse, Getränke, Fitness-Geräte usw. noch steigern. Wir betrachten zunächst nur die Erlöse aus diesen Monatsbeiträgen, um nicht den Überblick zu verlieren.

Erlöse

Nun betrachten wir die möglichen Einnahmen, die **Erlöse**, wie sie in der Kostenrechnung genannt werden. Die Erlöse sollen die fixen und variablen Kosten decken und möglichst noch einen Gewinn für das unternehmerische Risiko der Eigenkapitalgeber (Axel, Harry und Tina) abwerfen.

Das Eingehen eines unternehmerischen Risikos und die damit erhofften Chancen werden als Antriebskraft der freien wirtschaftlichen Betätigung angesehen. Ansonsten könnte Axel wieder als fest angestellter Trainer in Ruhe und ohne Risiko arbeiten und ein geregeltes Einkommen beziehen. Aber er fühlt sich sehr wohl in seiner unternehmerischen Freiheit, wo er mit der Unterstützung seiner kooperativen Mitarbeiter seine Kunden begeistern kann. Das ist die Voraussetzung, um unternehmerisch erfolgreich zu arbeiten. Er ist davon überzeugt, dass er seine vier Studios ohne eine auf seine Firma angepasste Kosten- und Leistungsrechnung nicht mehr optimal im Wettbewerb steuern kann.

Seine Mitbewerber um die Kunden lassen sich ständig etwas Neues einfallen. Viele Menschen möchten ihre Bedürfnisse nach Fitness und Gesundheit, Spaß und einer sinnvollen und dazu noch gesundheitsfördernden Freizeitaktivität befriedigen. Axel weiß von vielen Messen und Kongressen um den Bedarf der potenziellen Kunden in diesem Trendmarkt.

„Aktuell beläuft sich die Mitgliederzahl der deutschen Fitnessclubs auf über sieben Millionen. Davon trainieren laut einer Allensbach-Umfrage zur Häufigkeit des Besuchs von Fitnessstudios über drei Millionen mehrmals wöchentlich. Vier Milliarden Euro Umsatz erwirtschaftete die Fitness-Branche 2011 in Deutschland."

Auf der Internetseite *www.de.statistica.com* finden Sie weitere aktuelle Informationen zur Fitnessbranche.

Auf dieser Wellness- und Fitness-Welle mit zu schwimmen und nicht in den Kosten unterzugehen, sind die unternehmerische Herausforderung und das Ziel von Axel. Für seine Mitarbeiter, die er ja bereits am Unternehmen und am Erfolg direkt beteiligt hat, und letztendlich auch für ihn selber, hängt von einer kompetenten Kostenrechnung als Steuerungsinstrument, die berufliche und ökonomische Zukunft ab.

Nun werden die Erlöse durch die Kunden ins Studio gespült. Nach umfangreicher Marktanalyse hat sich Axel für ein **Preisangebot** im neuen Studio entschieden. Für 39 € monatlich kann jeder Kunde das Studio, die Sportgeräte und die Sauna unbegrenzt nutzen.

Da er zunächst nur einen Preis festgesetzt hat, ergibt sich daraus eine linear um 39 € je Kunde ansteigende **Erlösgerade** vom Ursprung bis zum Wert für 300 Kunden i.H.v. 11.700 €.

Natürlich wäre es schön, sofort 300 Kunden für das neue Studio zu gewinnen. Damit wären die **Kapazitäten** des Studios komplett ausgefüllt und insgesamt 11.700 € in die Kassen gespült. Aber auch Kundengewinnung ist ein oft langwieriger und mühseliger Prozess, der exzellentes Marketing voraussetzt, Geduld und eines langen Atems bedarf.

Wie viele Kunden benötigt das neue Studio, damit alle Kosten gedeckt wären?

Sehen Sie sich zunächst die grafische Lösung an.

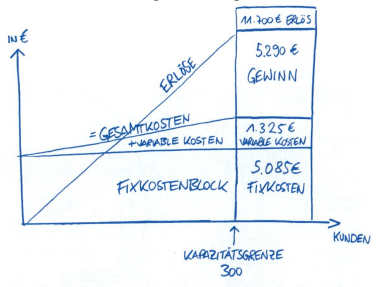

Sie sehen die beiden sich schneidenden Geraden, die **Gesamtkosten** und die **Erlöse**. Auf die Fixkosten kommen die mit den Kunden ansteigenden variablen Kosten hinzu und bilden die Gesamtkosten. Die Werte rechts bilden die Beträge, die bei voller **Kapazitätsauslastung**, also bei 300 Kunden im Studio D, anfallen. 5.085 € Fixkostenblock und variable Kosten i.H.v. 1.325 € ergeben 6.410 € monatliche Gesamtkosten. Dem stehen für 300 Kunden Erlöse von 11.700 € gegenüber, so dass sich ein Gewinn von 5.290 € ergibt. Ein schönes Ergebnis, allerdings nur bei voller Auslastung des Studios mit 300 Kunden. Bis dahin ist es noch eine Wegstrecke!

Gewinnschwellenermittlung mit Deckungsbeiträgen

Da wir wissen, dass 300 Kunden variable Kosten i.H.v. 1.325 € pro Monat verursachen, erhalten wir variable Kosten pro Kunden oder **Kundenkosten** mit 4,42 € (1.325 € : 300 Kunden). Diese werden in der Produktion als **variable Stückkosten** bezeichnet. Natürlich sprechen wir von unseren Kunden nicht von „Stück", sondern nennen bei Dienstleistungen diese Kundenkosten. Diese Kosten könnte man auch auf eine bestimmte Zeiteinheit beziehen. Darauf verzichten wir hier zunächst aus Gründen der Einfachheit und Klarheit.

Immer wenn Kunden uns besuchen, fallen **variable Kosten** an, z.B. für Strom, Gas, Wasser und Honorartrainer.

Nachdem wir nun die variablen Kosten kennen, die jeder Kunde durchschnittlich verursacht, können wir diese von den Erlösen abziehen und erhalten:

39 € Erlöse – 4,42 € variable Kundenkosten = 34,58 € Deckungsbeitrag je Kunde

Dieser Deckungsbeitrag trägt dazu bei, die fixen Kosten in Höhe von 5.085 € zu tragen. Wie viele Kunden benötigen wir nun dazu, um die gesamten Fixkosten zu tragen und damit zur Gewinnschwelle zu gelangen?

> **Deckungsbeitrag je Kunde =**
> Erlöse je Kunde – variable Kundenkosten

Diese sogenannte Praktikermethode erleichtert die Ermittlung der Gewinnschwelle erheblich. Der Deckungsbeitrag ist der Betrag, der dazu beiträgt, die Fixkosten zu decken.

Um die Gewinnschwelle zu ermitteln, um zu wissen, ab wie vielen Kunden die Gesamtkosten von den Erlösen gedeckt werden, kann man die Deckungsbeitragsrechnung zu Hilfe nehmen.

> **Gewinnschwelle** = Fixkosten : Kundendeckungsbeitrag

Dann erhält man häufig eine Zahl mit Kommastelle, so dass der nächste ganze Kunde der erste Gewinnbringer ist!

Jeder Kunde bringt 34,58 € Deckungsbeitrag mit ins Studio. Die Fixkosten betragen 5.085 € und werden durch den 148. Kunden (148 * 34,58 € = 5.117,84 €) bereits mehr als gedeckt, so dass ein kleiner Gewinn anfällt. Jeder weitere Kunde erhöht demnach den Gewinn um den Deckungsbeitrag, da ja bereits alle Fixkosten durch die ersten 148 Kunden gedeckt worden sind. Hier liegt die **Gewinnschwelle** (auch **Break-Even-Punkt** genannt!) und es beginnt die **Gewinnzone**.

Gewinnschwellenermittlung grafisch

In der folgenden Grafik sieht man den Schnittpunkt der Erlös- mit der Gesamtkostengeraden. Dieser Punkt bildet die **Gewinnschwelle** (**Break-Even-Punkt** oder **Break-Even-Point**), ab dem alle Kosten gedeckt sind und die Gewinnzone beginnt.

Unterhalb oder links von diesem Break-Even-Punkt werden Verluste eingefahren, da die Erlöse noch unter den Gesamtkosten liegen.

Rechts der Gewinnschwelle beginnt die Gewinnzone, da dort die Erlöse die Gesamtkosten übersteigen.

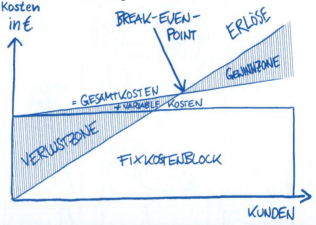

Die **Gewinnschwelle** bezeichnet den Schnittpunkt der Gesamtkostenkurve (Fixkosten und variable Kosten) mit der Erlöskurve. Das ist dann die Schwelle zur Gewinnzone, d.h. ab hier beginnen Gewinne zu fließen und mit jedem weiteren Kunden steigt der Gewinn an.

Rechnerische Analyse des neuen vierten Studios D

Nun erhalten Sie noch den rechnerischen Lösungsweg, nachdem die grafische Lösung und die einfache Praktikermethode der Deckungsbeitragsrechnung bereits zum Ziel führten. Häufig wird in Lehrbüchern oder in Ausbildungen aber auch dieser Weg favorisiert, obwohl man ja – wie bereits gezeigt – einfacher zum Ziel gelangen kann.

Für das vierte Studio mit 250 m² ist mit einer max. **Kapazität** von 300 Kunden zu rechnen. Aus Erfahrung weiß Axel, dass dann mit etwa 10-30 Kunden gleichzeitig zu rechnen ist, die das Studio nutzen werden.

Der **Fixkostenblock** ist innerhalb dieser Kapazität von 300 Kunden unveränderlich, d.h. 5.085 € fallen monatlich immer an. Dazu kommen noch die variablen Kosten, die je nach Anzahl der Kunden entsprechend ansteigen. Somit bildet die oberste Gerade die Gesamtkosten ab, die von 5.085 € bei null Kunden kontinuierlich bis auf 6.410 € bei 300 Kunden ansteigt.

Der sogenannte **Break-Even-Punkt** oder auch die **Gewinnschwelle** stellt den Punkt dar, bei dem sich die **Gesamtkosten-** und die **Erlösfunktion** schneiden. Hier kann man grafisch ablesen, bei wie vielen Kunden die Gesamtkosten genau den Erlösen entsprechen. Damit wäre die Gewinnschwelle erreicht. Ab hier erzielt man bei weiteren Kunden einen Gewinn, der bis zum Kapazitätsmaximum anwächst. Bei weniger Kunden als am Break-Even-Punkt fallen Verluste an.

Die Kosten und Erlöse des vierten Studios D stellen sich grafisch wie folgt dar:

Man sieht, wie die **Erlösgerade** steiler verläuft als die **Gesamtkosten** (fixe und variable Kosten) und damit schneller steigt. Dadurch verringert sich zunächst der Verlust bis zur Gewinnschwelle und nach dem Break-Even-Punkt steigt der Gewinn stetig an.

Mathematische Lösung der Gewinnschwelle

Die **Erlösfunktion** lautet: E = 39 * X
(X als Variable für Kundenanzahl)
Die **Gesamtkostenfunktion** lautet: K = 5.085 + 4,42 * X

Die mathematische Lösung des **Break-Even-Punkts** ist durch Gleichsetzen beider Gleichungen E = K möglich.

$$39\ X = 5.085 + 4,42\ X \qquad /{-}4,42\ X$$
$$34,58\ X = 5.085 \qquad\qquad /:34,58$$
$$X = 147,05$$

Damit ist ab dem 148. Kunden die Gewinnzone erreicht.

Einfacher ist die Lösung jedoch über den weiter vorne aufgezeigten Weg mit Hilfe der **Deckungsbeiträge**, der im Kap. 7 noch vertieft wird.

Zur leichteren Übersicht können Sie in der folgenden Tabelle für die jeweiligen Kundenzahlen, die **Erlöse** und **Gesamtkosten**, sowie den **Erfolg** ablesen.

	Kunden * 39 €	Fixkosten + var. Kosten (5.085 € + 4,42 € * Kunden)	Erlöse – Kosten
Kunden	**Erlöse**	**Gesamtkosten**	**Erfolg**
0	0	5.085	- 5.085
10	390	5.129	- 4.739
50	1.950	5.306	-3.356
100	3.900	5.527	- 1.627
147	5.733	5.735	-2
148	5.772	5.739	33
150	5.850	5.748	102
200	7.800	5.969	1.831
250	9.750	6.190	3.560
300	11.700	6.411	5.289

Die **Erlöse** steigen hier mit den Kunden linear an. Auch die **variablen Kosten** steigen mit mehr Kunden, aber wesentlich flacher an. Die variablen Kosten von 4,42 € je Kunde bestimmen die Steigung der **Gesamtkosten**. Dadurch ergibt sich ein Schnittpunkt der Gesamtkostengeraden mit der Erlösgeraden, kurz nach dem 147. Kunden, also benötigen wir den 148. Kunden um in die **Gewinnzone** zu gelangen.

An dieser Tabelle sieht man, dass ab dem 148. Kunden die Gewinnschwelle erreicht wird und aus den sogenannten **roten Zahlen (hier blau!)** oder **Verlusten** nun s**chwarze Zahlen**, also **Gewinne** werden.

Die **Gewinnschwelle**, ist der Punkt, bei dem sich **Gesamtkosten** und **Erlöse** treffen, d.h. deckungsgleich sind. Ab dieser auch als **Break-Even-Punkt** bezeichneten Stelle beginnt die **Gewinnzone** und Gewinne fließen der Firma zu.

Um diesen Punkt genau zu ermitteln, muss man korrekt alle Kosten erfassen und auch die **Mischkosten** in fixe und variable Kosten aufspalten.

Dann sollte man den Deckungsbeitrag pro Kunden oder Produkt ermitteln:

DB = Erlöse – variable Kosten.

Teilt man nun die **Fixkosten** durch den **Deckungsbeitrag** eines Kunden oder Produkts, so erhält man die Anzahl der Kunden oder Produkte, die genau alle Kosten mit den Erlösen decken. Mit mehr Kunden oder Produkten erzielt man einen stetig anwachsenden Gewinn bis zum Maximum an der **Kapazitätsgrenze**.

Weshalb es aber nicht klug und erstrebenswert ist, permanent an der Kapazitätsgrenze zu arbeiten, erfahren Sie im nächsten Kapitel.

Den Kostenverläufen auf der Spur?

Kostenanalyse und Kostenbewusstsein

Den Kostenverläufen auf der Spur?

Axel hat bei seinem ersten Studio überwiegend intuitiv gehandelt und sich häufig auf sein Gefühl bei den notwendigen kaufmännischen Entscheidungen verlassen. Harry möchte nun detaillierte **Kostenanalysen** vornehmen, um dem meist guten Bauchgefühl von Axel rationale Argumente hinzuzufügen.

Dazu werden zunächst typische und atypische **Kostenverläufe** betrachtet. Die Leitfrage lautet: Wie verändern sich die fixen und die variablen Kosten bei der Inanspruchnahme durch die Kunden?

Wie verändern sich **fixe Kosten** bei der Inanspruchnahme durch Kunden?

Innerhalb der Kapazität verändern sich diese fixen, **beschäftigungsunabhängigen Kosten** gar nicht. Die Miete und die Gehälter müssen weiterhin bezahlt werden, egal wie viele Kunden die Räume und Trainer nutzen.

Bei Ausweitung der Kapazitäten können sich diese ansonsten stabilen fixen Kosten auf ein neues Niveau verändern. Man spricht dann von **sprungfixen Kosten**.

Sprungfixe Kosten

Fixkosten unterscheiden sich ja von den variablen Kosten durch ihren konstanten Verlauf innerhalb einer bestimmten Kapazität. Sollte der Bedarf an Raumkapazität (hier 250 m² für max. 300 Kunden im Studio D) überschritten werden, so müssten weitere Räume angemietet werden. Dann würden die Raumkosten **sprungfix** auf die nächste Ebene innerhalb der erweiterten Kapazitäten ansteigen.

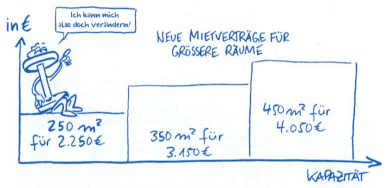

Sprungfixe Kosten entstehen bei allen fixen Kosten, wie z.B. **Mietkosten**, **Personalkosten** und **Abschreibungen**. Wenn die Kapazitäten steigen sollen, werden mehr Fläche, mehr Personal und mehr Sportgeräte und sicher auch eine größere Sauna benötigt. Für eine größere Sauna fallen höhere Anschaffungskosten an, die auf die tatsächliche Nutzungsdauer verteilt werden müssen. Wie verändern sich die variablen Kosten bei Beanspruchung durch Kunden?

Kostenverläufe der variablen Kosten

Die Kostenverläufe der variablen Kosten können in vier Arten auftreten. Der klassische und einfachste und somit hier im macchiato-Buch häufigste Verlauf ist ein linearer, also konstanter Kostenverlauf. Weiter hinten in diesem Kapitel finden Sie eine grafische Darstellung der hier vorgestellten vier unterschiedlichen Kostenverläufe.

Die unterschiedlichen Typen von Kostenverläufen bei variablen Kosten sollen anhand der nachfolgenden Beispiele veranschaulicht werden.

Linearer Kostenverlauf

> Warum geben die Wasserwerke denn keinen Mengenrabatt bei unserem Wasserverbrauch?

> Die scheinen nur linear zu denken oder haben es nicht nötig aufgrund ihrer Monopolstellung.

Lineare Kosten kommen immer bei konstanten Einkaufspreisen vor, also recht häufig. Auch beim Wasser ist dies der Fall. Innerhalb Deutschlands variieren die **Wasserpreise** zwar recht heftig zwischen 1,21 € je m³ in Niedersachsen und 2,17 € je m³ in Berlin (Quelle: Statistisches Bundesamt 2010). Hinzu kommen noch die Abwasserpreise und häufig auch noch Grundgebühren, so dass die gesamten Wasserkosten in Deutschland etwa 4-6 € pro m³ betragen.

In Deutschland existieren etwa 6.700 **Wasserversorger** (Frisch- und Abwasser), die ein natürliches Monopol genießen, da es jeweils nur einen Anbieter in jeder Region gibt. Dabei liegen die Fixkosten für die Versorger bei weit über 80 % ihrer Gesamtkosten. Obwohl oder gerade weil der Wasserverbrauch in den letzten Jahren in der Bundesrepublik drastisch zurückgegangen ist (zurzeit ca. 100 Liter pro Tag und Person), ergeben sich Kapriolen wie etwa in Berlin. Hier wurden 56,2 % des Preisanstiegs von den Berliner Wasserwerken mit dem verringerten Wasserverbrauch der Bürger begründet. Nicht nur hier werden Kriege um das kühle Nass geführt. Die teilweise extrem variierenden und als überhöht empfundenen Wasserpreise haben bereits das Bundeskartellamt aktiv werden lassen und einige Gerichte haben die Versorger zu Preissenkungen verpflichtet. Egal ob privat- oder öffentlich-rechtlich, lokale Angebotsmonopole der Wasserwerke sind nicht sehr vorteilhaft für die Endverbraucher. Liegen die Fitness-Studios in einem Landkreis mit dem gleichen Versorger, so haben alle das gleiche Problem mit den hohen Wasserkosten vor Ort.

Eine Lösung kann für den geplagten Verbraucher und Unternehmer nur im **effizienteren Nutzen** dieses köstlichen nassen Gutes liegen, z.B. durch den Einsatz von wassersparenden Duschköpfen, die den Wasserverbrauch um bis zu 50 % reduzieren helfen. Gerade für öffentliche Duschen sind Zeitschaltsysteme nutzenstiftend, so dass unnötig laufendes Wasser vermieden werden kann. Denn bereits eine etwa 7 min. lang laufende Dusche hätte den Tagesverbrauch eines Menschen verplempert.

Progressiver Kostenverlauf

Bei **progressiven variablen Kosten** ist häufig eine hohe Auslastung der Kapazitäten die Ursachen: Überstunden für den angestellte Trainer Detlef sind hier die Ursache, denn es müssen ihm je nach Tarif- und Arbeitsvertrag vereinbarte Überstundenzuschläge bezahlt werden. Diese stellen variable Kosten dar, da sie ja nur bei Beschäftigung anfallen. Den konkreten Kostenverlauf finden Sie weiter hinten in diesem Kapitel grafisch dargestellt.

Durch eine Neueinstellung eines weiteren Trainers würden die Personalkosten und somit die Fixkosten auf eine neue, höhere Stufe steigen. **Kurzfristige Kapazitätsengpässe** federt man sinnvoller Weise flexibel, also wie hier von Harry angeregt, mit einem Trainer als Honorarkraft ab. Dadurch fallen bei höherer Auslastung des Studios zunächst für das Trainerpersonal nur variable Kosten an, die sich sofort bei Nachfragerückgang der Kunden wieder leicht reduzieren lassen, da man den Honorartrainer dann nicht mehr beschäftigt.

Aber auch ein erhöhter **Verschleiß** und dadurch entstehende sehr stark anwachsende Reparaturkosten für die Geräte oder Maschinen verursachen sehr stark anwachsende progressive variable Kosten.

Degressiver Kostenverlauf

Beispiele für **degressive Kostenverläufe** sind i.d.R. Mengenrabatte bei allen möglichen Einkäufen, z.B. auch beim Strompreis. Durch die Öffnung des Strommonopols besteht hier ja ein lauterer und leider auch unlauterer Wettbewerb mit zahlreichen schwarzen Schafen als Stromanbietern und verunsicherten Verbrauchern, denen die Transparenz fehlt oder die es einfach satt sind jedes Jahr den Stromanbieter zu wechseln.

Jedoch sind die Mengenrabatte, z.B. für die so stromintensive Aluminiumindustrie, alles andere als ein Anreiz für nachhaltiges Wirtschaften und unsinnig und kontraproduktiv, da hierdurch das Verschwenden des knappen Gutes Energie sogar belohnt wird. Das wird auch nicht durch das Verwenden von sogenanntem Ökostrom aus Wind-, Wasser- und Sonnenenergie aufgefangen. Denn auch diese Anlagen verschlingen enorme Ressourcen für die Erstellung der Energieerzeugung. Bei der Entsorgung veralteter Ökostrom-Anlagen gibt es ebenso bisher noch große ungelöste Probleme. Durch die hoffentlich positive Entwicklung alternativer Energiequellen wird ebenso wie bei der Wasserversorgung der Schlüssel für ein menschenwürdiges Leben und Überleben auf unserer Erde bei weiterhin exponentiell wachsender Weltbevölkerung liegen.

Häufig wird noch unterschätzt, dass die Energieeinsparung und anderes ressourcenschonendes Wirtschaften eine der größten Quellen und Notwendigkeiten zum Schutze unseres Lebens auf unserem schönen blauen Planeten sind.

> Ein **degressiver Kostenverlauf** ist gerade bei der Massenproduktion ein Element der Kosteneffizienz, das dann auch in Form von günstigen Preisen an die Verbraucher weitergegeben werden kann. Der Kostenanstieg flacht sich dadurch erheblich ab, aber es findet noch ein Anstieg statt. **Mengenrabatt** ist das klassische Beispiel dafür.

Regressive Kosten

Gerade während der Kernzeiten 16-20 h ist das neue Studio gut besucht und somit erzeugen die Kunden nicht nur gute Umsätze, sondern sie tragen mit ihrer Körperwärme bei sportlicher Betätigung auch dazu bei, den Raum mit zu beheizen. In der Grafik weiter hinten sehen Sie, dass mit zunehmender Menge diese Kosten sogar sinken.

Noch scheint es Zukunftsmusik zu sein, die Energie, die an den Sportgeräten durch die Trainierenden erzeugt wird, zu nutzen. Dies würde einer **Win-Win-Situation** entsprechen. Denn einerseits kann die erzeugte Energie durch den Trainierenden als Ressource im Studio für Beleuchtung o.Ä. eingesetzt werden, andererseits erzielt der Kunde für sich selber durch die Trainingseffekte eine bessere körperliche Fitness. Das Studio könnte einen Teil seines eigenen Nutzens durch die Kostenersparnis für Energie an den Kunden zurückgeben. Somit könnten die Kunden auch durch materielle Anreize noch mehr dazu motiviert werden, ihre direkt in Watt messbaren und nutzbaren Leistungen zu erbringen.

In der Industrie gibt es zahlreiche Beispiele für derartige zusätzliche Leistungen, die bei der Produktion entstehen. Man nennt sie Kuppelprodukte.

Kuppelprodukte

Kuppelprodukte nennt man Abfallprodukte, die bei der Produktion oder auch bei Dienstleistungen anfallen können und einen Zusatzerlös erbringen und somit verrechnet auch zu regressiven Kosten führen können.

Diese sogenannten **Kuppelprodukte** (**Abfall- oder Nebenprodukte**) fallen auch in vielen Branchen an. Klassische Beispiele für Kuppelprodukte sind:

- ■ die zwangsläufige Produktion von Benzin, Dieselkraftstoff und Schweröl bei der Verarbeitung von Erdöl

- ■ die Erzeugung von Extraktionsschrot und Pflanzenöl bei der Extraktion aus Ölsaaten

- ■ die Erzeugung von Glycerin bei der Herstellung von Biodiesel

- ■ die Erzeugung von Strom und Wärme im Heizkraftwerk

- ■ Gewinnung von Brennholz aus dem Verschnitt der Nutzholzproduktion

- ■ die Erzeugung von Kleie und Grieß bei der Herstellung von Mehl aus Getreide

- ■ die gleichzeitige Beförderung von Passagier- und Frachtkapazität bei Betrieb eines Verkehrsflugzeuges

Der Anfall von Nebenprodukten während der Produktion beginnt häufig mit Ab…, z.B., Abfall, Abwärme, Abwasser. Die sinnvolle Nutzung dieser Nebenprodukte bietet nicht nur Kostenvorteile, sondern dient auch einer ressourcenschonenden Arbeitsweise.

Nun wissen Sie mehr! Sie kennen nun vier Typen von Kostenverläufen bei variablen Kosten.

Lineare Kosten verlaufen proportional, konstant, gleichmäßig und werden hier im Buch aus Gründen der einfachen Darstellung favorisiert. In der Praxis verlaufen Kosten eher selten linear.

Besonders ein **progressiver Kostenverlauf** kann für Firmen problematisch werden. Denn durch überproportional, also stärker ansteigende Kosten, z.B. durch Überstunden der Mitarbeiter oder Verschleiß der Geräte und Maschinen kann schnell eine Kostenexplosion entstehen und die Kosten laufen dann aus dem Ruder.

Auch **degressive Kostenverläufe** kommen vor. Hierbei findet ein unterproportionaler, langsamer Anstieg durch z.B. Preisnachlässe statt. Das geschieht häufiger bei der Massenproduktion und führt oft zu erheblichen Kostenvorteilen.

Letztendlich ist auch ein **regressiver Kostenverlauf**, also ein Rückgang der Kosten bei steigender Inanspruchnahme möglich. Ein Beispiel wären die abnehmenden Heizkosten bei steigender Besucherzahl.

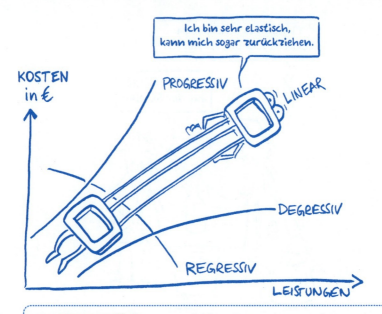

Die **Kostenverläufe** von variablen Kosten können linear, also gleichmäßig oder konstant sein. Progressiv, also sehr stark, nehmen variable Kosten zu, wenn Überstunden und Verschleiß bei hoher Kapazitätsauslastung stattfinden. Degressive Kostenverläufe finden durch Preisnachlässe (z.B. Rabatte) statt und führen zu einem flacheren Kostenanstieg bei den variablen Kosten. Regressive, also rückläufige Kosten, sind der Traum eines jeden Kostenrechners. Leider treten Sie außer bei unseren Heizkosten im Fitness-Studio nicht sehr häufig auf.

Kosten-Leistungs-Verhältnis und Grenzbetrachtungen
Kostenoptimierungen

Das Ziel einer **Kostenanalyse** ist es immer, zu einer Optimierung der Kosten beizutragen. Insbesondere eine Reduzierung der **Fixkosten**, ohne dabei die Leistungsfähigkeit einzubüßen, ist eine wichtige Herausforderung. Alle Kostenarten müssen permanent beobachtet werden, um ein aus dem Ruder laufen möglichst frühzeitig zu erkennen und zu verhindern.

Harry bot bei seinem ersten Studio gerne Zusatztrainingsangebote am Abend an. Ihm war damals unklar, dass er nicht mehr, sondern weniger Geld dadurch verdiente. Seine Zusatzeinnahmen wurden wieder aufgefressen. Mehr noch, denn die zusätzlichen Kosten für Honorartrainer, Strom, Heizung, Wasser usw. fraßen diese Erlöse auf und verursachten höhere **variable Kosten**. Dies führte also zu Verlusten.

Mit dem Erfolg eines Studios kommt es automatisch zu mehr **Wachstum** und zu Engpässen. Das Studio wird zu klein, mehr Mitarbeiter werden benötigt, die Fixkosten wachsen auf eine neue Ebene, sozusagen sprungfix.

Die **variablen Kosten** für Honorarkräfte und für Reinigungskräfte, sowie für Wasser- und Stromverbrauch und für Materialien werden steigen. Nur wie stark oder gar progressiv?

Die Erlöse und die Kosten bei Wachstumsprozessen im Blick zu behalten und zielgerichtet steuern zu können, das ist keine Kunst, sondern mit Hilfe geeigneter kostenrechnerischer Methoden durchaus möglich.

Grenzkosten

Was geschieht bei einer weiteren Leistungserstellung?

Viele kennen es von einer Gehaltserhöhung. Sie erhalten brutto 100 € mehr und nur 50 € oder sogar noch weniger landen auf Ihrem Konto. Die Steuerprogression hat wieder einmal zugeschlagen. Der **Grenzsteuersatz**, das heißt der Prozentsatz für jeden weiteren verdienten Euro, der als Lohnsteuer von Ihrem Bruttogehalt abgezogen wird, steigt mit zunehmendem Einkommen bis zum maximalen Steuersatz.

Bei solchen Grenzbetrachtungen fällt auch der Begriff der **Grenzkosten**. Dieser Begriff betrachtet die Kosten, die für eine weitere Leistungseinheit anfallen. Wie verhalten sich die Gesamtkosten bei einer weiteren Produktionsmenge oder einer weiteren Dienstleistung?

Bleibt das Produktionswachstum innerhalb der Kapazität, so steigen nur die variablen Kosten, da die Fixkosten innerhalb der Kapazität starr sind. Wie die variablen Kosten sich verhalten können, haben wir ja gerade ausführlich betrachtet. Sollte man durch weitere Leistungserstellung allerdings die **Kapazitätsgrenzen** überschreiten, so steigen die fixen Kosten, wie bereits beschrieben, sprungfix auf ein neues Niveau.

Hierzu ein Beispiel:
Detlef absolviert mit einer Kundin ein Spezialtraining.

Nehmen wir an: Bei derzeit ausgelasteten Kapazitäten müsste Detlef Überstunden absolvieren, die z.B. **25 % Überstundenzuschlag** neben dem erweiterten Grundgehalt bedeuten würden. Somit würden 125 % Personalkosten anfallen. Wäre der Trainingsraum noch frei oder müssten weitere Räumlichkeiten angemietet werden? Würde für das Spezialtraining eine zusätzliche Vorbereitung des Trainers notwendig, eventuell Literatur oder eine Zusatzausbildung?

Grenzkosten sind demnach die anfallenden Kosten für ein weiteres Produkt oder eine weitere Dienstleistung, das bzw. die angeboten und verkauft wird. Häufig sind die Grenzkosten den Firmen unbekannt und können bei Kapazitätsengpässen oftmals drastisch ansteigen. Also achten Sie darauf, dass Sie sich und Ihre Dienstleistungen oder Ihre Produkte nicht deutlich unter Ihren tatsächlichen Kosten verkaufen.

Sie sehen, dass solche **Grenzkostenbetrachtungen** komplex sein können und unter Umständen zu stark **progressiv** steigenden Kosten führen können. Falls weitere Leistungseinheiten zu derart explodierenden Kosten führen würden, so dass der Kunde nicht mehr bereit wäre, die anfallenden Kosten als Preis zu tragen, so wäre eine Leistungsausweitung ökonomisch unsinnig.

Stückkosten

Die Entwicklung der **Grenzkosten** soll ja durch eine rationelle Massenfertigung gerade in die entgegengesetzte Richtung führen, nämlich zu fallenden **Stückkosten**. Dies wird durch eine schlanke Massenproduktion versucht, deren Kostenzuwachs langsamer zunimmt als die erzeugten Stückzahlen. Die Stückkosten ermittelt man durch eine Division, man teilt die Gesamtkosten durch die jeweils hergestellte Stückzahl.

Wenn die Herstellung von 1.000 Tafeln Schokolade 1.500 € Gesamtkosten (fixe und variable Kosten) verursacht, dann kostet ein Stück, eine Tafel Schokolade 1,50 € (1.500 € Gesamtkosten : 1.000 Stück oder Tafeln).

- noch wenige Kunden
- jeder Kunde ist relativ kostenintensiv
- hohe Stückkosten bei Studio D

- viele Kunden
- jeder Kunde ist weniger kostenintensiv
- geringere Stückkosten je Kunde bei Studio A

> **Stückkosten** bezeichnen die tatsächlichen Kosten, die eine Leistungseinheit (Produkt oder Dienstleistung) verursacht. Die Stückkosten errechnet man, indem man die gesamten Kosten für ein Produkt durch die Anzahl der Produkte teilt.

Kostenoptimierung

Jede Firma, jeder Haushalt, ob privat oder öffentlich, möchte nicht mehr für seine Leistungen bezahlen als notwendig. Alle handeln also in der Theorie rational, als sogenannter **Homo Oeconomicus**. Das Leben und die Praxis zeigen, dass es häufig anders ist. Die Märkte sind in der Regel nicht transparent. Das Internet trägt zwar zu mehr Markttransparenz bei. Falls Sie neben diesen umfangreichen Informationsbeschaffungen auch noch die Lieferungskosten auf sich nehmen wollen, sollten Sie jedoch das ökonomische Prinzip nicht aus den Augen verlieren.

Wir handeln häufig als **Homo Psychologicus**, d.h. nicht immer rational, sondern mit persönlichen Präferenzen wie Geschmack, Bequemlichkeit, Gewohnheit usw.

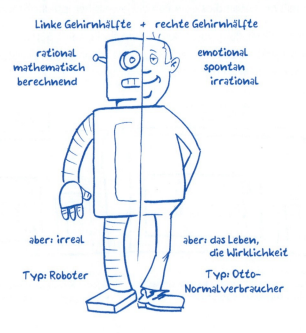

Homo Oeconomicus versus Homo Psychologicus

Das sieht im betrieblichen Alltag nicht anders aus. Weshalb sollten Sie Ihre Einkäufe nicht mehr bei Ihrem langjährigen, zuverlässigen Lieferanten vornehmen?

Stammkunden auf der Einkaufs- wie auf der Verkaufsseite bieten beiden Partnern, dem Käufer und dem Verkäufer, ein hohes Maß an Sicherheit. Dagegen scheint es eher unsinnig zu sein, oftmals geringe Kosteneinsparungen durch einen Lieferantenwechsel zu realisieren.

Produktionsoptimierung

Sehen wir uns überblicksartig die gängigsten Optimierungsverfahren in der Produktion an.

Japan und insbesondere die Firma Toyota sind die Erfinder von vielen Produktionssystemen, die alle das Ziel einer Leistungsoptimierung verfolgen. Die bekanntesten Verfahren sind z.B. Kaizen-Costing (kontinuierliche Kostensenkung), Lean-Production (schlanke Produktionsketten), Kontinuierlicher Verbesserungsprozess (KVP), Total-Quality-Management (TQM).

Leider hat es Toyota derart auf die Spitze getrieben, dass der erfolgreiche Kraftfahrzeugkonzern in der letzten Zeit durch mindestens vier Rückrufaktionen negativ auffiel. Dadurch sind nicht nur enorme Kosten verursacht worden, der Imageschaden für die Marke Toyota ist gewaltig.

Das möchte Axel als weitsichtiger Unternehmer, der gerade im Dienstleistungsbereich exzellente Qualität anbieten möchte, unbedingt verhindern. Hier im Fitness-Studio können bei den Dienstleistungsprozessen keine Nachbesserungen wie bei Produkten vorgenommen werden.

Häufig wird bei Unternehmen lediglich auf die Kosteneinsparungen geschaut, ohne die Leistungsqualität dabei im Blick zu behalten. Dabei gibt es immer zwei Seiten einer Medaille, **Leistung und Preis, Qualität und Kosten**.

Vergleich der vier Studios

Nun sollen alle vier Studios miteinander verglichen werden. Dabei spielen die Erlöse, die Kosten sowie die Gewinne eine Rolle.

Wir wollen die Besten in der Fitness-Branche sein!

Ja, aber nicht um jeden Preis. Das Preis-Leistungsverhältnis muss stimmen!

Unterschiede bei verschiedenen Marktsegmenten

Im neuen Studio D werden 39 € monatlicher Beitrag von den Kunden für die Nutzung des Studios mit Sauna verlangt. In den Studios A und C, die im Premium Marktsegment ihre Dienste anbieten müssen die Kunden sogar 44 € bezahlen. Im Discount-Studio B dagegen kann man sich bereits für 29 € fit halten.

In jedem der Studios wird ein spezielles **Marktsegment** bedient. Da Qualität bekanntlich ihren Preis hat, werden für die unterschiedlichen Dienstleistungen drei unterschiedliche Angebote als Discount-, Standard- und Premium-Mitgliedschaft gemacht. Damit sollen die unterschiedlichen Niveaus der Dienstleistungsprozesse und **Physical Facilities** (Ausstattungen des Ambientes) finanziert werden.

Momentan wird in jedem der vier Studios nur jeweils eine Mitgliedschaft angeboten. Später kann auch in jedem Studio eine weitere Differenzierung für die Kunden vorgenommen werden.

Alle vier Studios haben unterschiedliche Standorte mit unterschiedlichen Kunden und abweichenden Kosten. Diese befinden sich auch in unterschiedlichen **Marktsegmenten** und die jeweiligen Kunden verfügen über ein unterschiedliches verfügbares Einkommen. Es wird also mit den Angeboten versucht, nicht nur den **Kostenpreis** abzubilden, sondern auch der **Marktsituation** gerecht zu werden. Dies mit den Kunden entsprechend zu kommunizieren, ist natürlich eine Herausforderung für ein exzellentes Marketing.

Hier können Sie Ihr bereits erworbenes Kostenrechnungswissen an einer Aufgabe testen. Alle Lösungen und Wege dorthin finden Sie ausführlich im Internet. Aber probieren Sie es bitte zunächst selber aus. Training ist auch in der Kosten- und Leistungsrechnung das A und O!

Versuchen Sie, die jeweiligen Gewinnschwellen für die vier Studios zu ermitteln.

Studio	A	B	C	D
Marktsegment	Premium	Discount	Premium	Standard
max. Kunden- Kapazität	320	250	270	300
Erlös je Kunde in €	44	29	44	39
Mietfläche	450	200	350	250
Mietpreis in €/m²	15	6	13	9
Angestellter Trainer Jahresbrutto (inkl. Lohnnebenkosten)	32.000	22.000	34.000	25.000
Sonstige Fixkosten in €	12.942	11.534	14.410	12.311
Honorartrainer in €/Std.	24	13	19	15
Stunden je Monat	75	55	47	36
Sonstige variable Kosten im Jahr in €	1.627	4.038	4.674	3822
Break-Even-Point?				

Testen Sie Ihre Kompetenz als Kostenrechner und ermitteln Sie zunächst selber die Break-Even-Punkte für die vier Studios. Im Internet können Sie sich die Lösungswege und die vollständigen Lösungen ansehen.

Gewinnschwelle (Break-Even-Punkt) **= Fixkosten : Deckungsbeitrag** (Erlös – variable Kosten)

Profit-Center

Für jedes unserer vier Studios möchten wir wissen, wie viele Kunden wir benötigen, um in die Gewinnzone zu kommen, denn wir betrachten jedes Studio **als eigenes Unternehmen** oder sogenanntes Profit-Center. Da wir nicht möchten, dass ein Studio die möglichen Verluste eines anderen Studios trägt, müssen wir eine derartige Transparenz herstellen, damit alle vier Studios miteinander verglichen werden können.

Der **Profit-Center**-Gedanke ist ein positiv anspornender, um ähnliche Abteilungen, hier die vier Fitness-Studios, miteinander zu vergleichen und in einen für alle gewinnbringenden Wettbewerb zu führen. Das gerade ist die Herausforderung. Denn alle vier Studios sind unterschiedlich und somit nur mit Vorsicht direkt vergleichbar. Die unterschiedlichen Ausstattungen mit Sportgeräten und Personal bewirken sehr unterschiedliche Kosten. Aber er ist ein Ansatz, der dazu führen sollte, unter Berücksichtigung der vorhandenen Unterschiede die einzelnen Studios zu vergleichen. Diese **Transparenz** der Kosten und der Leistungen soll dazu führen, eventuelle Fehlentwicklungen frühzeitig zu erkennen und dann mit geeigneten Maßnahmen frühzeitig entgegenzusteuern.

Kapazitätsauslastung

Schauen wir uns nun die vier Studios im Überblick an.

Studio	Marktsegment	Kunden-Kapazität	break-even	in% der Kapazität
A	premium	320	277	86%
B	discount	250	162	64%
C	premium	270	219	81%
D	standard	300	148	49%
	Summe	1.140		

Die Ergebnisse der vier Studios zeigen bei der **Gewinnschwelle** sowohl in der absoluten Kundenzahl als in der **relativen Auslastung** (in %) recht unterschiedliche Ergebnisse. Positiv auffallend ist auch die unter 50 % der Kapazität liegende Gewinnschwelle von Studio D (49 %). Damit ist das **unternehmerische Risiko** bei den anderen beiden Studios A (86 %) und C (81 %) deutlich höher, rote Zahlen zu schreiben und unter den jeweiligen Gewinnschwellen zu bleiben.

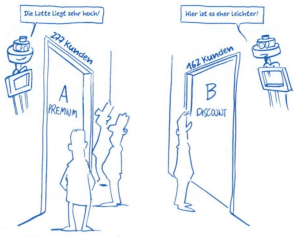

Risiko-Ranking

Alle absoluten Aussagen sind immer mit Vorsicht zu genießen. Deshalb sind relative Aussagen, hier z.B. in Bezug auf die jeweiligen **Kapazitäten,** aussagekräftiger. Jedes Studio hat unterschiedliche **Kundengruppen** und ist unterschiedlich lange am Markt und somit sollte jedes Studio immer gesondert betrachtet werden. Die Kosten- und Leistungsrechnung liefert hier nur die Daten. Deshalb bedarf es einer fachkompetenten und methodisch fundierten Analyse der Zahlen und der Interpretation durch einen Branchenkenner. Nur so können diese Informationen in betriebswirtschaftlich sinnvolle und nachhaltige Entscheidungen umgesetzt werden.

Je eher die **Gewinnschwelle** erreicht werden kann, umso risikoärmer ist das **Geschäftsmodell**. Das neue Studio D erreicht zwar bereits bei 49 % seiner möglichen Kapazität dieses Ziel, dennoch ist es ein weiter Weg, bis 148 Kunden für dieses Studio gewonnen werden können.

Der einfachste Weg, die Gewinnschwelle zu ermitteln, ist die **Deckungsbeitragsrechnung**. Bei der macchiato Fitness GmbH wird auch deutlich, dass die absolut höchsten Fixkosten bei den Studios A und C die Break-Even-Points weit in die hohen Kundenzahlen verschieben und damit das Risiko, Verluste durch das jeweilige Studio zu erzielen, erhöhen.

Studio	Marktsegment	jährliche Fixkosten	jährl. variable Kundenkosten	jährl. Erlöse je Kunde	DB je Kunde im Jahr	Break-Even-Point
A	premium	125.942	72,58	528	455,42	277
B	discount	47.934	50,47	348	297,53	161
C	premium	103.010	57,00	528	471,00	219
D	standard	64.311	34,34	468	433,66	148

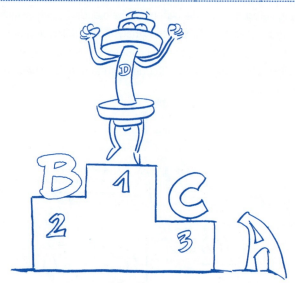

Wie sehen die Einzelergebnisse der vier Studios aus und welcher Erfolg ergibt sich aus allen vier Studios addiert?

In der Praxis gibt es häufig einen klaren Sieger und einen eindeutigen Verlierer. Hier bei den vier Fitness-Studios ist einiges anders, damit es anschaulicher ist und Sie es leichter verstehen können.

Ranking

Eine absolut niedrige Gewinnschwelle mit möglichst wenigen notwendigen Kunden sagt natürlich noch nichts über das relative **Risiko** aus! Und schon gar nichts über den aktuellen **Erfolg**. Deshalb bedürfen solche Tabellen und deren Aussagen der Interpretation. Eine sinnvolle Aussage erhält man beim Betrachten der Kapazitätsauslastung in %. Die **Ist-Zahlen** zeigen den aktuellen Stand der Auslastung an. Die **Soll-Zahlen** geben Planvorgaben, die zu erreichen sind. Wichtig ist dabei auch ein Zeitbezug, bis zu dem dieses jeweilige Ziel zu erreichen sein soll. Nur so wird man die Zielerreichung im Nachhinein überprüfen können.

Studio	Markt-segment	max. Kunden-Kapazität	IST-Auslastung	in % der Kapazität	jährlicher Erfolg	Ranking
A	premium	320	294	92%	2.509	3
B	discount	250	234	94%	22.247	1
C	premium	270	261	97%	22.103	2
D	standard	300	65	22%	- 46.505	4
	Summe	*1.140*	*854*	*76%*	*354*	

Klar, je höher die Auslastung, desto mehr Umsatz!.

Bei konstanten Fixkosten...

...und ansteigenden variablen Kosten.

Und wie errechnet sich der Erfolg?

Der **Erfolg** wird durch den Umsatz bestimmt. Davon werden die fixen Kosten und die von der jeweiligen Kundenzahl abhängigen variablen Kosten abgezogen. Nach Abzug aller Kosten bleibt hoffentlich ein Gewinn übrig.

Die hohen **Auslastungen** der drei älteren Studios (A, B und C) tragen wesentlich zum Erfolg der macchiato Fitness GmbH bei, obwohl sie derzeit noch den Verlust von Studio D mittragen müssen. Das Ranking veranschaulicht die aktuelle Auslastung und die Gewinnsituation der Studios und ist ein wichtiger Gradmesser, sagt aber nicht viel über die Zukunft der vier Studios aus.

Nun haben wir eine gewisse Transparenz über die Mitglieder, die daraus folgenden Erlöse und Kosten, sowie den Erfolg jedes einzelnen Fitness-Studios.

Diese für die vier Studios erhaltene Transparenz kann für weitere betriebswirtschaftliche Entscheidungen verwendet werden. Besonders Studio D bedarf einer besseren Auslastung, die bei den älteren Studios gut gegeben ist.

Zum Vergleich und zur Steuerung der vier Studios dient die Auslastung, d.h. eine **Zielvorgabe** von mind. 90 % würde alle vier in die Gewinnzone führen.

Studio D erhält eine **Zielvorgabe**, in welchem Zeitraum (z.B. in 24 Monaten) das Ziel von 90 % Kapazitätsauslastung, also 270 Kunden erreicht sein soll. Das Ziel, weitere 205 Kunden für Studio D hinzuzugewinnen, ist damit **smart (spezifisch, messbar, akzeptiert, realistisch und terminiert)** formuliert. In 24 Monaten weitere 205 Kunden zu den aktuellen 65 Kunden hinzuzugewinnen bedeutet also, dass fast neun Kunden pro Monat mit dem Studio D einen Vertrag unterschreiben. Ein auf den ersten Blick machbares Ziel. Aber auch die bestehenden Kunden müssen gehalten werden.

Für das spezielle **Marketing** des Studios D müssen nun weitere Entscheidungen getroffen werden:

Preispolitische Maßnahmen, z.B. Preise senken oder erhöhen, Rabattaktionen für Bestandskunden, die neue Kunden mitbringen o.Ä.

Weitere Informationen zum Marketing erhalten Sie im Buch *„Wirtschaft"* der macchiato-Reihe S. 198 ff.

Kostenverantwortung

Kosten sparen ist nicht erst seit der letzten Finanzkrise eine Notwendigkeit für jedes Unternehmen. Woran aber liegt es, dass manche Unternehmen dabei wesentlich erfolgreicher sind als andere?

Der wesentliche Grund dafür sind Manager, die nur nach wirklich großen **Einsparmöglichkeiten** Ausschau halten und dann in der Regel damit beginnen, die Werbeausgaben und Fortbildungsbudgets zu kürzen. Der Fehler dabei: Dem einzelnen Mitarbeiter wird nicht bewusst, dass die gesamte Organisation und zwar auf jeder Kostenstelle Geld sparen muss, bzw. **effizienter (Kosten- Nutzenverhältnis)** arbeiten sollte. Denn: Wie soll ein immer magereres Unternehmen mit immer weniger Mitarbeitern und geringeren Ressourcen exzellente Produkte und Dienstleistungen erstellen und diese auch noch marktgerecht platzieren?

> **Lösung: Das Peanut-Paradoxon**
> Wie Sie mit dem Peanut-Paradoxon das Kostenbewusstsein Ihrer Mitarbeiter schärfen

Viele Kostenmanager kümmern sich nur wenig um Positionen, die ein geringes **Einsparpotenzial** haben – es lohnt den Aufwand nicht. Doch sie vergessen dabei das „Peanut-Paradoxon": Wird auch an kleinen Beträgen gespart, verstehen Mitarbeiter das als Signal, dass in allen Bereichen ein kostenbewusster Umgang notwendig ist.

Dadurch erreichen Sie eine nachhaltige und wesentliche Kostensenkung, weit über die direkten Einsparungen von „Peanuts" hinaus. Versuchen Sie deshalb gerade mit Kleinbeträgen Signale zur Kostensenkung zu setzen.

Raumbeleuchtung: Weisen Sie Ihre Mitarbeiter an, nicht unnötig Licht brennen zu lassen. Signal: Das Unternehmen versucht Strom zu sparen. Ergebnis: Die Mitarbeiter kommen auch beim Betrieb von PCs, Kühlschränken und anderen Stromverbrauchern auf die Idee, Energie zu sparen.

Papierverbrauch: Fordern Sie Ihre Mitarbeiter auf, bedrucktes Papier auch auf der Rückseite für Probeausdrucke oder Notizen zu nutzen und wann immer möglich doppelseitig zu kopieren. Signal: Das Unternehmen will Papier sparen. Ergebnis: Die Mitarbeiter verzichten eher auf unüberlegte Probedrucke und entwickeln ein umfassenderes Kostenbewusstsein.

Büroreinigung: Reduzieren Sie die Frequenz der Büroreinigungen von fünf auf drei Mal wöchentlich. Signal: Das Unternehmen will Reinigungskosten sparen. Ergebnis: Mitarbeiter gehen insgesamt eigenverantwortlicher mit den Betriebsräumen und Möbeln um und werden mehr darauf achten, Verschmutzung und damit auch Schäden zu vermeiden.

Betriebsfeiern: Betriebsfeiern wie etwa die Weihnachtsfeier sind wichtig für die Motivation Ihrer Mitarbeiter, deshalb sollten Sie diese auch (oder gerade) in schwierigen Zeiten abhalten. Beteiligen Sie aber dieses Jahr die Mitarbeiter mit einem kleinen Beitrag an den Kosten. Alternativ feiern Sie in bescheidenerem Rahmen, dafür aber komplett auf Kosten des Unternehmens. Signal: Das Unternehmen hat kein Geld für Extras übrig. Ergebnis: Die Mitarbeiter werden ihre Anspruchshaltung zurückschrauben.

TIPP: Suchen Sie sich einzelne „Peanuts" heraus und setzen Sie gezielt Ihre Signale, aber übertreiben Sie es nicht, damit Ihre Mitarbeiter dies nicht als demotivierende Schikane verstehen.

In einem Text zum Kostenbewusstsein der Firma GWI Gesellschaft für Wirtschaftsinformation GmbH & Co. OHG, Ismaning bei München *www.gwi.de*, las ich im Text von Dr. Patrick Hamilton bereits 2006 vom Peanut-Paradoxon. Ich empfand den Begriff und die damit verbundenen Inhalte so treffend und überzeugend, dass ich Sie Ihnen hier gerne präsentierte.

Unsere Trinkwasserspender (der Berliner Wasserwerke)

Je mehr Wasser wir trinken, desto gesünder leben wir. Tagsüber reichlich trinken ist so wichtig wie der nächtliche Schlaf. Der Körper braucht viel Flüssigkeit für den Erhalt seiner Gesundheit und Leistungsfähigkeit. Nicht nur bei Sport- und Freizeitaktivitäten, sondern auch während der Arbeit und in den Erholungszeiten ist dies äußerst wichtig.

Mit leitungsgebundenen Trinkwasserspendern wird das Wassertrinken jetzt noch erfrischender, genüsslicher und komfortabler. Am Arbeitsplatz, in Empfangsbereichen und öffentlichen Räumen können Sie Ihren Mitarbeitern, Gästen und Kunden etwas besonders Gutes tun: Trinkwasser zu jeder Zeit. So viel und so oft man mag.

Die ebenso komfortablen wie eleganten Geräte sind an die Trinkwasserleitung angeschlossen und liefern überall frisches, gesundes Trinkwasser, angenehm gekühlt und nach Wunsch: klassisch sprudelnd, mild, natürlich still. Ein Kühlaggregat sorgt für die ideale Trinktemperatur. Und innovative Technik versetzt es auf Knopfdruck mit der gewünschten Menge Kohlensäure.

Die genauere Untersuchung des Verhaltens der jeweiligen **fixen und variablen Kosten** sollte immer mit einem kritischen Blick erfolgen. Während die **Fixkosten** innerhalb eines bestimmten Kapazitätsintervalls immer konstant bleiben, verändern sich **variable Kosten** mit der Inanspruchnahme oder Auslastung durch die Kunden. Ob sich die meist übliche **lineare** Zunahme in eine übermäßige, **progressive** Zunahme oder eher unterdurchschnittliche, **degressive** Zunahme verändert, hängt vom Einzelfall ab. Es ist sogar eine **Verringerung** (**regressive** oder retrograde Veränderung) der variablen Kosten wie beim Heizungsbeispiel denkbar.

Absolute und relative Zahlen bedürfen der genauen Analyse auf eine branchenspezifische Aussagekraft. Meist ist ein Bezug auf die **Kapazität** eine sinnvolle Betrachtung.

Wenn Mitarbeiter die Kosten einer **kritischen Würdigung** unterziehen, sollte das Denken, das dem Verhalten vorausgeht, nicht unberücksichtigt bleiben. Hier ist in jedem Fall **Verschwendung zu vermeiden** und einem unkritischen Einsparen von Ressourcen durch mindere Qualität ein Riegel vorzuschieben. Es sollte das **ökonomische Prinzip** gelten, das einen wesentlichen Bestandteil einer **nachhaltigen BWL** bildet.

Wo fallen die Kosten genau an?

Kostenstellenrechnung
Wo fallen die Kosten genau an?

Die Firma macchiato Fitness GmbH mit vier Studios wird immer größer und damit auch unübersichtlicher. Nun soll ermittelt werden, wo jeweils die Kosten genau anfallen. Diese Vorgehensweise wird als **Kostenstellenrechnung** bezeichnet, d.h. die Frage nach dem Ort (der Kostenstelle) ist hier entscheidend. Es werden aber nicht nur die Orte der Kostenentstehung betrachtet, sondern es sollte auch versucht werden, diese unterschiedlichen Kostenstellen in ein sinnvolles Kostenrechnungssystem zusammen zu führen. Dadurch kann eine Wirtschaftlichkeitskontrolle der einzelnen Unternehmensbereiche und der Fitness-Studios erreicht werden.

Kostenstellen und Kostenverantwortung

Wo in der Firma gearbeitet wird, erhält man sogenannte **Kostenstellen**. Es handelt sich hierbei um Abrechnungsbereiche (Studios, Abteilungen, Fabriken o.Ä.), denen die dort angefallenen Kosten zugeordnet werden. Man sitzt also mit weiteren Mitarbeitern auf einer Kostenstelle, die mit anderen Kostenstellen zu einer Abteilung zusammengefasst werden kann.

Hier bei der macchiato Fitness GmbH sollen die vier Studios und der Einkauf, die Verwaltung und der Vertrieb die jeweiligen Hauptkostenstellen sein. Diese Bereiche sind also maßgeblich an der Leistungserstellung der Dienstleistungsangebote beteiligt.

Während die jeweiligen Abteilungsleiter die sogenannten **Kostenstellenverantwortlichen** sind, leisten alle weiteren Mitarbeiter dieser Kostenstelle ihre Beiträge zur Leistungserstellung und verursachen dadurch die entsprechenden Kosten. Jedes Studio hat mindestens einen fest angestellten Trainer, der auch als Kostenstellenverantwortlicher für sein Studio fungiert. Anton führt bereits seit zwei Jahren Studio A erfolgreich. Seit einem Jahr sind Bernd im Studio B und Claudia im Studio C verantwortliche Führungskraft und als Trainer bzw. Trainerin tätig. Neben den alten Hasen der bereits etablierten drei Studios ist nun Detlef für das junge Studio D dazu gekommen.

Nachdem im letzten Kapitel 4 das positive **Kostenbewusstsein** dargestellt wurde, dass alle Mitarbeiter eine entsprechende Sensibilität und eine verantwortliche Einstellung sowie ein Kosten-Nutzen-Denken verinnerlicht haben sollten, geht es hier um die eigentliche Verantwortung einer leitenden Person für das jeweilige Geschäftsfeld, seine Abteilung oder sein Studio. Die meisten Betriebe, die etwas produzieren, haben eine Einteilung in Funktionsbereiche, mit Kostenstellenverantwortlichen für jeden Bereich, beim Einkauf, bei der Produktion und der Verwaltung sowie im Vertrieb. Da hier mehr Dienstleistungen im Vordergrund stehen, die in den jeweiligen Studios angeboten oder erbracht werden, ist dies die Dienstleistungs-Produktion.

Jede Firma hat ihre einzigartigen Produkte und Dienstleistungen, deren Angebotspalette auch als **Portfolio** bezeichnet wird.

Die Firma macchiato Fitness GmbH produziert Wellness, Gesundheit und Spaß, ein gutes Gefühl eben. Die neuesten sportwissenschaftlichen Trainingsmethoden bringen nicht nur die notwendige körperliche Bewegung für jeden Kunden, sondern tragen mit Spaß und Freude zu körperlichem und seelischem Wohlbefinden bei. Spezialkurse und Workshops richten sich an Golfspieler, Skifahrer und andere Sportler. Ebenso richten sie sich an Büroarbeiter und körperlich arbeitende Menschen. Angebote an Hausmänner und -frauen runden das Programm ab. Neben den klassischen Angeboten über Workouts (Spinnings, Aerobic usw.), gibt es entspannende Angebote wie Yoga, Pilates, Thai-Chi, Chi Gong usw. Ebenso ist eine individuelle Ernährungs- und Trainingsberatung im **Portfolio** enthalten.

Neueste Entwicklungen auf diesem enorm wachsenden Wellness-Markt werden besonders von Axel beobachtet und in seine Marketing-Überlegungen mit einbezogen. Er ist sozusagen auch in Kooperation mit den Trainern der einzelnen Studios die Forschungs- und Entwicklungsabteilung. Die aktuellen Bedürfnisse der Kunden werden permanent erforscht und passende Angebote des Fitnessmarktes werden gesichtet. Darüber hinaus werden auch eigene kreative Sportgeräte, Sportprogramme und Workshops entwickelt.

Kostenarten auf den Kostenstellen

Man unterscheidet hier die anfallenden Kosten einerseits als direkt den Produkten zuzurechnende Kosten, die als **Einzelkosten** bezeichnet werden, z.B. Materialkosten und andererseits allgemein anfallende Kosten, die als **Gemeinkosten** bezeichnet werden, wie z.B. Gehälter.

Einzelkosten

Tina verantwortet den gesamten **Einkauf** an Waren, Sportgeräten usw. Dies erzeugt in der Regel überwiegend variable Kosten, die wiederum direkt den einzelnen Produktgruppen, also Workshops usw. zuzurechnen sind. Diese überwiegend variablen Kosten werden als Einzelkosten bezeichnet, da sie meist genau und verursachungsgerecht einzelnen Produkten oder Dienstleistungen zuzurechnen sind.

Neben den Materialkosten ist auch ein Honorartrainer, der ja ebenso variable direkt zurechenbare Kosten verursacht, als Einzelkosten für ein Produkt, hier Workshop „Zumba" zu betrachten.

Gemeinkosten

Gemeinkosten werden auch als allgemeine Kosten bezeichnet und können somit nicht direkt einem Produkt oder einer Dienstleistung zugeordnet werden. Denn ihr Charakter ist ja gerade derart, dass sie vielen oder gar allen Kostenstellen Dienste erweisen. Somit muss man sich etwas anderes einfallen lassen, denn auch diese Kosten müssen natürlich auf die Kostenträger, also die Produkte umgelegt, also verteilt werden. Allgemeine Kosten sind zumeist fixe Kosten, wie Gehälter, Miete und Abschreibungen, die nicht nur für ein Produkt, sondern für mehrere oder viele Produkte oder Dienstleistungen anfallen. Somit müssen Zuschlagssätze ermittelt werden, um das Verhältnis von Einzelkosten zu Gemeinkosten abzubilden. Auch dazu dient der weiter hinten erklärte Betriebsabrechnungsbogen.

Aufbau der Kostenstellenrechnung

Harry hat die **Matrix-Organisation** für diese kleine, aber dynamisch wachsende Firma ausgewählt, die eine optimale **Organisationsstruktur** für die macchiato Fitness GmbH bildet. Die hohen kommunikativen Anforderungen an diese Organisationsform werden in wöchentlichen Meetings erfolgreich umgesetzt.

Angepasst an den jeweiligen organisatorischen Aufbau einer Firma werden die **Kostenstellenpläne** erstellt. Das **Organigramm** zeigt die **Aufbauorganisation** einer Firma. Dort sind Abteilungen und Bereiche strukturiert, die der Firma ihren Rahmen geben. Hier wurde für die Firma macchiato Fitness GmbH eine Matrix-Organisation gewählt, da sie keine unnötigen Hierarchien bildet und eine gute Kommunikation im Unternehmen besteht.

Aufbauorganisation der macchiato Fitness GmbH

Geschäftsführer Axel			
Funktionen	Material Tina	Verwaltung Harry	Vertrieb Axel
Studio A Anton			
Studio B Bernd			
Studio C Claudia			
Studio D Detlef			

In dieser **Matrix** erkennt man zwölf Kästchen, die jeweils eine Verbindung zwischen den Studioleitern und den drei anderen Managern (Tina, Harry und Axel) ergeben. Somit hat jeder Trainer als Studioleiter seinen für das jeweilige Thema entsprechenden Ansprechpartner. Sollte es um spezielle Lösungen für ein Studio gehen, so werden die anderen drei Studioleiter für ein Meeting nicht benötigt. Außerdem gefällt es Axel, dass es bei diesem Organigramm keine hierarchischen Ebenen gibt und er als Geschäftsführer auf Augenhöhe und in der Funktion als **Vertriebsverantwortlicher** mit allen Mitarbeitern kommunizieren kann. Weitere Managementmodelle (management by …) können Sie sich im *macchiato Wirtschaftsbuch* im Kapitel 8 Betriebswirtschaftslehre ansehen.

Da die macchiato Fitness-Studios so erfolgreich sind, ist entschieden worden, am Sonntag die Studios geschlossen zu halten. Das gefällt den Mitarbeitern, bietet Raum für Entspannung und ein gemeinsames Familienleben. Die Kunden können ihre Trainings an den anderen sechs Wochentagen wahrnehmen. Somit wurden nun neue Marketingziele festgelegt.

Hauptkostenstellen

Die zentralen Kostenstellen werden als **Hauptkostenstellen** bezeichnet. Häufig sind das die klassischen Bereiche einer Firma, also Material (-einkauf), Produktion, Verwaltung und Vertrieb.

Der **Einkauf** umfasst die Bestellung, Disposition und Lagerung von Waren, Roh-, Hilfs- und Betriebsstoffen. Tina ist für diese Aufgaben verantwortlich. Auch die **Buchhaltung** erledigt Tina mittels einer guten Software, sie verbucht alle Einkäufe und sonstigen Geschäftsvorfälle. Dies hat sich als praktisch erwiesen und außerdem absolviert sie gerade eine Zusatzausbildung als Bilanzbuchhalterin, um auch den Jahresabschluss zukünftig eigenhändig vorbereiten zu können. Ihre Haupkostenstelle nennen wir **Material**.

Die **Produktion** besteht bei Produktionsbetrieben aus der Fabrikhalle, einer Vorfertigung und Endfertigung und Qualitätskontrolle. Hier bilden die vier Studios quasi die Produktion der Dienstleistungsprozesse.

Die **Verwaltung** beheimatet das Rechnungswesen, die Personalabteilung, Organisationsabteilungen, Rechtsabteilung u.a. Harry ist als der **Verwaltungsverantwortliche** für die gesamte Organisation inklusive der Kosten- und Leistungsrechnung zuständig. Auch der Personalbereich fällt in sein Ressort. Bei Steuer- und Rechtsfragen wird auf externe Experten zurückgegriffen.

Der **Vertrieb** besteht aus den Mitarbeitern des Außendienstes, die den direkten Kontakt zum Kunden pflegen. Bei Dienstleistern ist letztendlich jeder Mitarbeiter immer während der Leistungserstellung mitten im Marketingprozess. Axel ist als Fachmann in der Fitness- und Wellnessbranche für die strategische Ausrichtung als **Geschäftsführer** verantwortlich und ist auch als Typ sehr marketingaffin. Gerne ist er auf Fachmessen und Veranstaltungen der Wellnessbranche unterwegs und webt weiter an seinem guten Netzwerk. Er spricht mit seiner lockeren und kompetenten Art viele Kunden an, zieht diese in die Studios und hält an guten Kundenbeziehungen fest. Zusammen mit Harry nimmt er die Personalauswahl vor und kümmert sich darum, Mitarbeiter mit starkem Dienstleistungscharakter für seine Firma in den Studios zu gewinnen.

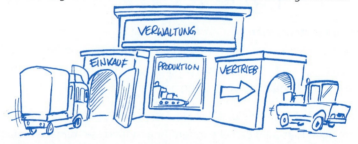

Kostenstellenplan der macchiato Fitness GmbH

Nun sehen wir uns die vorhandenen Kostenstellen in der macchiato Fitness GmbH an. Es existiert momentan nur eine allgemeine Kostenstelle, die für alle anderen Hauptkostenstellen Leistungen erbringt.

Allgemeine Kostenstelle: Der Wachschutz erbringt Sicherheitsdienste am Tage und in der Nacht. Somit müssen alle anderen Hauptkostenstellen diese Kosten anteilig übernehmen. Der Vorteil, dafür eine eigene, eine Allgemeine Kostenstelle zu bilden, besteht in der Kostenüberwachung und -kontrolle. Wie diese Kosten auf die anderen Hauptkostenstellen verteilt werden können, erfahren Sie weiter hinten beim Betriebsabrechnungsbogen.

Hauptkostenstellen

Die **Materialkostenstelle** (Einkauf, Lager, Buchhaltung) wird von Tina als Kostenstellenverantwortliche geleitet und verantwortet. An Tina wenden sich alle anderen Hauptkostenstellen, wenn sie etwas bestellt haben wollen, sei es nun Material für das Studio oder Getränke. Selbst bei einem Bleistift wendet man sich direkt an sie, damit er aus dem Lager geholt werden kann oder bestellt werden muss. Anschließend verbucht Tina dann auch diesen Geschäftsvorfall.

Die **Dienstleistungserstellung** (Planung, Umsetzung, Qualitätskontrolle), also quasi die Produktion in diesem Betrieb, findet in den vier Studios statt. Dafür sind die vier Kostenstellenverantwortlichen zuständig. Das ist der jeweilige festangestellte Trainer der Studios: Im Studio A Anton, beim Studio B Bernd, das Studio C leitet Claudia und Detlef ist für Studio D zuständig.

In der **Verwaltung** (Organisation, Personal, Kostenrechnung) ist Harry der Kostenstellenverantwortliche, der das ganze System einer verursachungsgerechten Kosten- und Leistungsrechnung aufbaut. Neben der Organisation der Firma ist er auch für deren Prozesse zuständig, damit alles möglichst kostengünstig und leistungsstark für die Kunden erbracht werden kann. Auch das Personal betreut er und bereitet Einstellungen und andere wichtige Personalentscheidungen vor, damit er gemeinsam mit dem Geschäftsführer Axel diese durchführen kann. Das hat sich bisher gut bewährt, da beide unterschiedliche Blickwinkel auf das Anforderungsprofil für Trainer haben, Axel aus der sportpraktischen Sichtweise, Harry aus der menschlichen Sicht.

Der **Vertrieb** beinhaltet die Öffentlichkeitsarbeit, die Werbung und letztendlich den Verkauf der Dienstleistungen im Gesundheits-, Fitness- und Sportbereich. Das übernimmt Axel als Kostenstellenverantwortlicher neben seiner Tätigkeit als Geschäftsführer. Natürlich kann es dabei zu Überschneidungen, gar Interessenkonflikten kommen. Aber in dieser kleinen Firma ist dies bisher handhabbar. Bei weiterem Wachstum mit noch mehr Studios wird dies sicher nicht mehr beides von Harry übernommen werden können. Dann wird wohl zukünftig ein weiterer Fachmann oder eine Fachfrau für den Vertrieb eingestellt werden müssen.

Kostenstelle Material

Tina hat auf ihrer Kostenstelle im November hohe Kosten verursacht.

Nachdem Harry ihr die ganzen variablen Kosten für Materialien, die sie für die Studios bestellte, abgezogen hat, sieht es schon wieder erträglicher für ihre Kostenstelle Einkauf aus. Wenn diese variablen Kosten, wie Materialkosten und Trainerhonorare direkt den einzelnen Produkten oder Dienstleistungen zuzurechnen sind, spricht man von sogenannten **Einzelkosten**.

Dagegen nennt man die meist **fixen Kosten**, die nicht direkt einem Produkt oder einer Dienstleistung zuzuordnen sind, **Gemeinkosten (GMK)**. Man könnte auch Allgemeinkosten sagen, da sie zwar einer Kostenstelle allgemein zuzurechnen sind, aber nicht einzeln einem Produkt oder einer Dienstleistung.

Tinas **Gemeinkosten auf ihrer Kostenstelle Einkauf** setzen sich aus ihrem Gehalt, den Mietkosten für ihr Büro sowie den Telekommunikationskosten und Büromaterialien für sich selber zusammen. Ebenso sind die Abschreibungen für PC und Schreibtisch und sonstiger Büroausstattung nicht zu vergessen. Also alles fixe Kosten. Gemeinkosten haben in der Praxis zu 99 % einen fixen Kostencharakter.

Die nachfolgenden Kostenarten wurden von Harry korrigiert und in den Bemerkungen den jeweiligen Kostenstellen von ihm zugeordnet.

Lfd. Nr.	Kostenart	in	Bemerkungen
1	Gehalt Tina brutto + SV-AG-Anteil	2.250	GMK nur Einkauf
2	Abschreibungen Büroausstattung Einkauf	740	GMK nur Einkauf
3	Telekommunikationskosten	240	GMK nach Schlüsseln (Anzahl der Telefone und PC) auf alle Kostenstellen verteilen
4	Büromaterial, Porto	75	GMK beim Einkauf belassen
5	Einkäufe Getränke	5.375	Einzelkosten, genauer auf jeweiliges Studio verteilen
6	Einkäufe Sportgeräte Studio D	3.890	GMK für Studio D als AfA
7	Software für Jahresabschluss	275	GMK nur Einkauf / Finanzbuchhaltung

Eine exakte Zuordnung der auf einer Kostenstelle angefallenen **fixen Gemeinkosten** und der **variablen Einzelkosten** ist eine wesentliche Voraussetzung für eine verursachungsgerechte Erstellung des Betriebsabrechnungsbogens.

Tina arbeitet in ihrem Büro auf der **Kostenstelle Einkauf** nicht zum Selbstzweck, sondern sie erbringt Leistungen im Einkauf, die eine Voraussetzung für die Leistungserbringung aller anderen Kostenstellen, ob im Fitness-Studio oder auch für Axels Vertrieb und Harrys Verwaltung, sind. Alle wenden sich bei Materialbedarf an sie und Tina nimmt dann zentral die Bestellungen auf und verbucht anschließend die Geschäftsvorfälle.

Hierbei muss sie genau darauf achten, dass die jeweiligen Bestellungen auch auf die korrekten Kostenstellen verbucht werden. Auch ihre Kostenstelle hat natürlich nur beim Einkauf entstandene Kosten zu verantworten. Bei der Verbuchung wird durch die Eingabe der jeweiligen Kostenstelle diese wichtige Entscheidung durch sie vorgenommen. In Abstimmung mit Harry werden die Monatslisten der Buchungen auf eine korrekte Zuordnung von beiden gemeinsam überprüft.

Zusätzlich überprüft jeder **Kostenstellenverantwortliche** seine Monatslisten, ob alle bei ihm verbuchten Gemeinkosten auch wirklich seiner **Kostenverantwortung** und damit seiner Kostenstelle zuzurechnen sind. Somit ist ein gewisses **Kontrollsystem** installiert, um eine verursachungsgerechte Kosten- und Leistungsrechnung zu ermöglichen. Hierbei gemachte Fehler würden die anschließenden Aussagen des Zahlenmaterials natürlich wenig hilfreich bis unsinnig erscheinen lassen.

Allgemeine Kostenstellen

Neben diesen insgesamt sieben **Hauptkostenstellen** gibt es sogenannte **allgemeine Kostenstellen**, die allen anderen Hauptkostenstellen dienen.

Beispiele für Allgemeine Kostenstellen können sein:

■ Pförtner, Bewachung, Sicherheitsdienste

■ zentrale Heizung oder Energieerzeugung

■ Fuhrpark, Betriebskantine, Betriebskindergarten

Hier für die Fitness-Studios sind es die Sicherheitsdienste, die extern eingekauft werden und allen anderen Kostenstellen dienen.

Die angefallenen Kosten auf den allgemeinen Kostenstellen müssen **verursachungsgerecht auf die Hauptkostenstellen verteilt werden**. Dazu benutzt man sogenannte **Verteilungsschlüssel**. Nach welchem Kriterium könnten die gesamten Kosten für den Wachschutz denn gerecht auf die Hauptkostenstellen, die Studios und weiterer Abteilungen verteilt werden? Dies werden Sie gleich auf den nächsten Seiten erfahren!

Hilfskostenstellen

In drei Jahren möchte Axel eine Forschungs- und Entwicklungsabteilung geschaffen haben, die innovative Ideen für neue Produkte und Dienstleistungsangebote kreieren und in die Praxis umsetzen soll. Wir begeben uns nun mal kurz in die Zukunft!

Hilfskostenstellen (z.B. die Vorfertigung oder hier die Forschungs- und Entwicklungsabteilung) dienen dagegen einer oder mehreren anderen Hauptkostenstellen (z.B. der Entwicklung für einen neuen Workshop). Beispiel für die macchiato Fitness GmbH könnte eine Entwicklungsabteilung für neue innovative Fitness-Angebote sein. Momentan ist jedoch eine solche Hilfskostenstelle noch nicht vorhanden.

Kostenverantwortung

Was ist schon Verantwortung? Jeder Kostenstellenverantwortliche hat seine Kostenentwicklung auf seiner Kostenstelle, die sogenannten **Gemeinkosten**, zu verantworten. Dafür vergleicht er permanent die aktuellen **Ist-Zahlen** mit den **Planvorgaben** oder **Soll-Zahlen**. Aber ohne die Unterstützung aller seiner Mitarbeiter bei dieser Herausforderung hat der Kostenverantwortliche keine Chance.

Unter dem Aspekt der **Kostenverantwortung** spielen die **Gemeinkosten** eine dominante Rolle. Wie bereits gesagt haben diese Kosten in aller Regel einen fixen Kostencharakter und sind **nicht direkt** den **Kostenträgern** (Produkten und Dienstleistungen) zuzurechnen. Sie werden somit auch als allgemeine Kosten bezeichnet. Die Personalkosten von Tina, Harry und Axel sind **nicht direkt** einem Kostenträger (z.B. Golf-Fitness-Training) zuzuordnen, da alle drei Mitarbeiter eigentlich für alle Produkte der Firma arbeiten und somit **Gemeinkosten** auf ihren jeweiligen eigenen Kostenstellen im Einkauf, in der Verwaltung und im Vertrieb verursachen.

Einzelkosten haben im Gegensatz dazu eine direkte Zurechenbarkeit zu den einzelnen Angeboten (Dienstleistungen und Produkten) an die Kunden. So wird ein Honorartrainer – wie Sport-Studi – nur dafür eingekauft und beschäftigt, um spezielle Kurse und Trainings für die Kunden anzubieten. Dieser direkte Bezug wird durch die variable Kostenart Honorar deutlich. Auch die Einkaufspreise für Produkte wie z.B. Getränke, Nahrungsergänzungsmittel, also Materialkosten, sind typische Einzelkosten und von den Verkaufspreisen direkt zu finanzieren. Die Gemeinkosten müssen über sogenannte Zuschlagssätze auf alle Produkte verteilt werden. Aber damit beschäftigen wir uns gleich intensiv.

Einzelkosten sind direkt den Produkten oder Dienstleistungen zurechenbar und fast immer variable Kosten. Beispiele für variable Einzelkosten sind Materialkosten und Trainerhonorare.

Gemeinkosten sind nicht direkt einzelnen Produkten oder Dienstleistungen zuzurechnen und haben fast immer einen fixen Kostencharakter. Beispiele für fixe Gemeinkosten sind Gehälter, Miete und Abschreibungen.

Betriebsabrechnungsbogen (BAB)

Nun beschäftigen wir uns mit dem Instrument der **Kostenstellenrechnung**, dem **Betriebsabrechnungsbogen**. Dieses lange Wort bezeichnet ein Instrument, das in der Firmenpraxis auf einem DIN-A4-Blatt Platz finden kann oder auch unter Umständen sehr umfangreich durch zahlreiche Kostenstellen sein kann. Bei der macchiato Fitness GmbH haben wir lediglich sieben Hauptkostenstellen, so dass eine gewisse Übersichtlichkeit noch gewahrt ist.

Die Abkürzung **BAB** steht hier natürlich nicht für die Bundesautobahn. Aber auch mit dem Betriebsabrechnungsbogen (BAB) werden zahlreiche Ziele erreicht, schneller und präziser als man vielleicht vermutet.

Der BAB ermöglicht es einer Firma, die Gemeinkosten verursachungsgerecht auf die jeweiligen Kostenstellen zu verteilen. Beginnen wir mit der Kostenumlage der Allgemeinen Kostenstelle Sicherheitsdienste auf die Hauptkostenstellen der macchiato Fitness GmbH.

Kostenumlagen

Die **Kostenstellen** sind wie folgt von Harry angeordnet worden und zeigen die **primären Gemeinkosten** für den Monat November, die auf jeder Kostenstelle angefallen sind. Diese ersten Gemeinkosten, die auf jeder einzelnen Kostenstelle anfallen, bestehen aus den fixen Personalkosten der Mitarbeiter dieser Kostenstelle, sowie weiterer fixer Kosten, wie Miete, Abschreibungen, Zinsen usw.

Kosten-stellen	Allgemeine Kostenstelle	Hauptkostenstellen							
	Sicherheits-dienste	Einkauf	Studio A	Studio B	Studio C	Studio D	Verwaltung	Vertrieb	Summen
primäre GMK	5.500	2.906	10.087	3.585	8.135	4.933	3.452	3.992	42.590

Die **Gemeinkosten**, also überwiegend fixe Kosten, werden hier zunächst betrachtet.

Die Einzelkosten kommen später noch als Bezugsgröße zur Berechnung der Zuschlagssätze hinzu.

Die **allgemeine Kostenstelle Sicherheitsdienste** liefert Bewachung und damit Sicherheit am Tage und in der Nacht. Diese Dienstleistung wird von einer externen Sicherheitsfirma eingekauft und kostete im November 5.500 €. Da alle anderen **Hauptkostenstellen** davon profitieren, bewacht zu werden, haben sie auch diese Kosten anteilig zu tragen.

Nun muss ein **Kostenschlüssel** gefunden werden, nach dem diese Kosten **verursachungsgerecht** verteilt werden. Ein möglicher Kostenschlüssel ist hier die jeweilige Fläche der einzelnen Kostenstellen, die bewacht werden. Dieser Kostenschlüssel wird von allen **Kostenstellenverantwortlichen** als gerechtes Maß angesehen und somit werden die Kosten der allgemeinen Kostenstelle entsprechend der jeweiligen Fläche auf die Hauptkostenstellen verteilt.

Harry verweist auf den Vertrag mit der Sicherheitsfirma, der pauschal einen monatlichen Betrag ausweist, aber die bewachte Fläche als Berechnungsgrundlage hat. Somit soll dieser **Kostenschlüssel**, die m² der jeweiligen **Kostenstelle**, auch als **Verteilungsschlüssel** dienen.

Jede Kostenstelle übernimmt die Gemeinkosten nach Inanspruchnahme, also nach den Quadratmetern ihrer bewachten Fläche.

Wichtig ist es, einen gemeinsamen Kostenschlüssel zu finden, den **alle Kostenverantwortliche akzeptieren** können, egal ob es sich hierbei um m², m³, Mitarbeiter oder irgendeine anderen Kennzahl handelt. Er sollte aber immer eine verursachungsgerechte Kostenverteilung der allgemeinen Kostenstelle auf die Hauptkostenstellen ermöglichen.

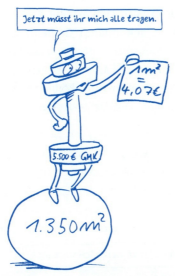

Die Gesamtkosten werden auf alle Kostenstellen per Umlage verteilt.

Umlage pro m² = Gesamtkosten / gesamte Fläche

4,07 € = 5.500 € / 1.350 m²

	Sicher-heits-dienste	Mate-rial	Studio				Verwal-tung	Vertrieb	Summe	
			A	B	C	D				
Fläche in m²	-	35	450	200	350	250	45	20	1.350	€/m²
Sicherheits-kosten	5.500									4,07
Umlage in €		143	1.833	815	1.426	1.019	183	81	5.500	

Jede **Kostenstelle** muss nun die errechneten Kosten für ihre gesicherte und bewachte Fläche tragen und zu ihren **primären Gemeinkosten** (erste allgemeine Kosten wie Gehalt, Miete und AfA) hinzurechnen. Tinas Kostenstelle Material mit 35 m² muss also 143 € (35 * 4,07 €) der 5.500 € tragen.

Daraus entstehen dann nach **Umverteilung** aller **Allgemeinen** und **Hilfskostenstellen** die **sekundären Gemeinkosten**. Diese zweiten allgemeinen Kosten ergeben sich, nachdem alle Werte so verteilt wurden, dass nur noch auf den Hauptkostenstellen Gemeinkosten stehen. Diese sekundären fixen Gemeinkosten können dann üblicherweise monatlich mit den Vormonaten verglichen werden.

Die tatsächlichen monatlichen Ist-Werte werden auch als I**st-Gemeinkosten** bezeichnet. Sie werden mit den **Soll- oder Planzahlen** verglichen. Sollwerte können als Zielwerte festgesetzt werden oder sich aus einem gleitenden Durchschnitt der z.B. letzten zwölf Monatswerte ergeben. Hier ein passendes Zielsystem zu finden, liegt in der Hand des branchenkundigen Geschäftsführers oder seines Controllers.

Die Kostenumlagen, ob von allgemeinen auf die Hauptkostenstellen oder von Hilfskostenstellen auf die jeweiligen dazugehörigen Hauptkostenstellen müssen korrekt berechnet werden. Dazu benötigt man Kostenschlüssel, nach denen man die angefallenen Gemeinkosten verteilt. Darauf sollten sich alle Kostenstellenverantwortlichen einigen. Ob der Wachschutz oder die Heizung nach m² oder m³ verteilt wird, muss im Einzelfall geklärt werden. Wichtig ist natürlich, dass der gewählte Kostenschlüssel auch möglichst eine verursachungsgerechte Kostenverteilung auf die Hauptkostenstellen bewirkt.

Die Berechnung erfolgt, indem man die Gesamtkosten durch die Kostenschlüssel teilt, also z.B. durch die beanspruchte Fläche, so dass man die Kosten für 1 m² errechnet. Dann wird dieser Wert mit der Inanspruchnahme multipliziert und man erhält die Kosten, die die jeweilige Hauptkostenstelle für die Dienste der Allgemeinen Kostenstelle tragen muss.

> Zunächst soll eine verursachungsgerechte Verteilung der Gemeinkosten auf die jeweiligen Kostenstellen erfolgen. Dadurch kann nach der Ermittlung von Zuschlagssätzen eine Zuschlagskalkulation durchgeführt werden. Und auch eine **Kostenkontrolle** ist im Nachhinein möglich.

Die Erstellung von **Kostenstellen** (**Kostenstellenplan**) ist wie auf Seite 100 bei der macchiato Fitness GmbH erfolgt.

Die **Kostenaufspaltung** in **fixe Gemeinkosten** und **variable Einzelkosten** ist auch bereits sauber erfolgt. Wir hatten bei der Kostenartenrechnung im Kapitel 2 alle Kostenarten in fixe, variable und auch die Mischkosten in fixe und variable Anteile aufgespalten.

In der Praxis bilden überwiegend (> 99 % der Kosten) die fixen Kosten die **nicht direkt** den Produkten oder Dienstleistungen zuzurechnenden **Gemeinkosten**, zumeist Mitarbeitergehälter, Mieten und Abschreibungen.

Dagegen sind die **variablen Kosten** wie z.B. Materialkosten, Honorare oder Akkordlöhne **direkt** den jeweiligen produzierten Produkten oder erbrachten Dienstleistungen zuzuordnen. Das ist das Kriterium für **Einzelkosten**.

> Das Wasser, die Flasche, die Banderole
> und der Verschluss sind
> variable Materialkosten,
> also direkt dem Produkt zurechenbare
> Einzelkosten!
> Und wer trägt die Gehälter,
> Miete und Abschreibungen der Maschinen?

Auch die Kostenerfassung der Kostenarten im Kapitel 2 ist beim Studio D erfolgt. Dabei ist in fixe und variable Kosten aufgeteilt worden. Somit ist auch die Zuordnung der fixen Gemeinkosten für das Studio D auf den richtigen Hauptkostenstellen des Kostenstellenplanes verursachungsgerecht erfolgt. Hier waren als fixe Kosten die Miete und das Gehalt für den fest angestellten Trainer Detlef, die Reinigungskraft und die Abschreibungen der Sportgeräte sowie der Sauna und die Fixkostenanteile vom Wasser, Strom und Heizung zu nennen. Somit werden diese fixen Gemeinkosten als **primäre Gemeinkosten der Kostenstelle Studio D** bezeichnet.

Nun erfolgt die **Umlage** der Allgemeinen Kostenstellen auf die anderen Kostenstellen nach jeweiliger Inanspruchnahme. Also muss das Studio D für seine 250 m² insgesamt 1.019 € (250 * 4,07 €) Bewachungskosten tragen. Somit erhöhen sich die primären Gemeinkosten um diesen Betrag und wir erhalten die sekundären Gemeinkosten für das Studio D.

Ebenso werden **Hilfskostenstellen** auf die Hauptkostenstellen umgelegt, also verursachungsgerecht verteilt.

Damit ist die Ermittlung der **Ist-Gemeinkosten**, also der tatsächlich angefallenen Gemeinkosten in diesem Abrechnungsmonat, der Hauptkostenstellen erfolgt. Diese werden als sogenannte **sekundäre (nach den Umlagen!) Ist-Gemeinkosten** bezeichnet. Von Ist-Kosten spricht man immer, wenn man die aktuellen Werte meint, d.h. die Werte des letzten, aktuellen Monats des BAB.

> Als **primäre Gemeinkosten** werden alle zunächst auf einer Kostenstelle erfassten fixen Gemeinkosten bezeichnet.
>
> Als **sekundäre Gemeinkosten** werden die fixen Gemeinkosten nach allen Umlagen bezeichnet. Also nachdem die Allgemeinen Kostenstellen (z.B. Pförtner und Sicherheitsdienste), die allen anderen Kostenstellen Leistungen erbringen, und die Hilfskostenstellen (z.B. Forschung- und Entwicklung oder Vorfertigung), die für eine oder mehrere Hauptkostenstellen Leistungen erbringen, auf die Hauptkostenstellen (z.B. Einkauf, Produktion Studios A-D, Verwaltung und Vertrieb) verteilt worden sind.

Nun erfolgt die Errechnung der **Ist-Gemeinkosten-Zuschlagssätze**.

Der prozentuale Anteil der tatsächlichen fixen Gemeinkosten wird in Bezug zu den jeweiligen Basiswerten, z.B. den Einzelkosten, die 100 % entsprechen, gesetzt und ein Prozentsatz, der Ist-Gemeinkosten-Zuschlagssatz, ermittelt.

Ist-Kosten entsprechen immer der aktuellen Kostensituation, d.h. es sind die derzeit tatsächlich angefallenen Kosten. Im 6. Kapitel Kostenträgerrechnung wird intensiver auf den zeitlichen Bezug der Kosten, besonders in der Kalkulation, eingegangen.

Die Einzelkosten für z.B. Honorare und den Wareneinsatz in den Studios und beim Einkauf werden als 100 % Basis gewählt, um zu ermitteln, wie viel % dazu im Verhältnis die Summe der Gemeinkosten beträgt.

Beim Einkauf entsprechen die 35.000 € Einzelkosten 100 %. Durch einen Dreisatz erhält man den Prozentwert für die Gemeinkosten:

35.000 = 100 %

17.733 = x %   x = 17.733 * 100 / 35.000   x = 50,7 %

Das wird für alle Hauptkostenstellen so durchgeführt. Nur die **Verwaltung und der Vertrieb** kennen meist keine Einzelkosten und somit behilft man sich damit, dass für diese beiden Hauptkostenstellen, die sogenannten **Herstellkosten** (alle Einzel- und Gemeinkosten der vorherigen Hauptkostenstellen) als Basis (100 %) gewählt werden.

Hier bei der macchiato Fitness GmbH entsprechen die Herstellkosten den Einzelkosten und Gemeinkosten der Materialkostenstelle sowie den vier Studios. Wenn Sie diese zehn Werte in der Tabelle addieren, so erhalten Sie die **Herstellkosten mit 112.672 €**, jeweils die Basis für die Berechnung der Zuschlagssätze der beiden Hauptkostenstellen Verwaltung und Vertrieb. Die Gemeinkosten (Summe GMK) entsprechen somit 5,8 % der Herstellkosten bei der Hauptkostenstelle Vertrieb und 7,6 % beim Vertrieb.

Hauptkostenstellen								
	Material	Studio A	Studio B	Studio C	Studio D	Verwaltung	Vertrieb	Summen
Summe GMK	17.733	12.795	4.560	9.521	6.064	6.533	8.550	48.023
Einzelkosten	35000	5.000	6.000	7.000	9.000	→112.672	112.672	Honorare +Waren
Zuschlagssätze	50,7%	255,9%	76,0%	136,0%	67,4%	5,8%	7,6%	EK in % d. GMK

Einzelkosten = EK Gemeinkosten = GMK

Bitte rechnen Sie auch die weiteren Zuschlagssätze nach, dies übt ungemein. Noch erfolgreicher gestaltet sich Ihr Lernprozess jedoch, wenn Sie sich eine eigene Excel-Tabelle dafür erstellen und die Formeln dafür jeweils selber eingeben!

Auf der Kostenstelle Material betragen die Gemeinkosten gut 50 % der Einzelkosten. Oder anders ausgedrückt: Für jeden Euro Materialeinsatz müssen auf der Kostenstelle Einkauf nochmals 50 Cent (exakt 50,7 Cent) Gemeinkosten hinzukalkuliert werden. Denn Tina möchte ja auch von den Kunden ihr Gehalt und alle weiteren auf ihrer Kostenstelle verursachten Gemeinkosten bezahlt oder gedeckt bekommen.

Abschließend wird nun die **Kostenunter- oder Kostenüberdeckung** im BAB für jede Hauptkostenstelle ermittelt. Es soll geschaut werden, ob die **tatsächlichen Ist-Gemeinkosten** den durchschnittlichen **Normal-Gemeinkosten** der Vergangenheit, entsprechen. Das ist die Möglichkeit, die Wirtschaftlichkeitskontrolle für jede Hauptkostenstelle vorzunehmen. Fielen zu viele Gemeinkosten im letzten Monat beim Leistungserstellungsprozess an?

Unter **Normalkosten** versteht man die **Durchschnittswerte der Vergangenheit**. Was war also bisher üblich oder „normal", mit welchen Kosten wurden die Produktkosten kalkuliert. Aber damit beschäftigen wir uns im kommenden sechsten Kapitel bei der Preiskalkulation noch weiter und vertiefender.

Üblicherweise wird ein BAB monatlich eingesetzt und man ermittelt die jeweiligen Monatswerte. Falls Sie sich langweilen und nichts zu tun haben, könnten Sie dies auch wochenweise durchführen. Achten Sie aber in der Kosten- und Leistungsrechnung auch auf Effizienz und Wirtschaftlichkeit.

Um eine Kostenkontrolle mit Hilfe des BAB für den letzten Monat vorzunehmen, vergleicht man die tatsächlichen Ist-Werte des aktuellen Monats mit den Soll-Werten (**Normalkosten**) der Vergangenheit. Hierbei gibt es unterschiedliche Methoden die Durchschnittswerte zu ermitteln. Üblich ist ein **gleitender Durchschnitt** der letzten 6 oder 12 Monate. Sinnvoll wäre es, einen Jahresdurchschnitt zu wählen, wenn das Geschäft starke saisonale Schwankungen aufweist. Hier für unsere Fitness-Studios hat man den gleitenden 12-Monatsdurchschnitt gewählt, d.h. jeden Monat wird ein Durchschnittswert aus den letzten 12 Monaten ermittelt.

Dabei hat sich in der Kostenstelle Material ein Durchschnittswert von 50 % ergeben. Ein Zuschlagsatz von 50 % wäre demnach normal gewesen und somit bezeichnen wir die 50 % von den Einzelkosten des aktuellen Monats als Normalkosten.

> Nun können wir die ermittelten 50 % von den Einzelkosten, die Normalkosten auf der Kostenstelle Einkauf, also 17.500 €, mit unseren 17.733 € Gemeinkosten des aktuellen Monats vergleichen. Da die Gemeinkosten der Materialkostenstelle um 233 € höher liegen als es normal gewesen wäre, spricht man von einer **Unterdeckung**.

Rechnen Sie bitte die anderen Hauptkostenstellen selber aus Übungsgründen nach. **Nicht nur im Fitness-Studio ist Training alles!**

Neben den **defizitären Hauptkostenstellen**, Material, Studio A und B, die eine Unterdeckung aufwiesen, erbrachten im abgelaufenen Monat zum Glück die Studios C und D eine kleine Überdeckung im dreistelligen Bereich. Die Verwaltung und der Vertrieb trugen sogar mit vierstelligen Zahlen zum insgesamt positiven Erfolg mit 7.289 € der macchiato Fitness GmbH bei.

	Hauptkostenstellen							
	Material	Studio A	Studio B	Studio C	Studio D	Verwaltung	Vertrieb	Summen
Summe GMK	17.733	12.795	4.560	9.521	6.064	6.533	8.550	48.023
Ist Zuschlags-Sätze in %	**50,7%**	**255,9%**	**76,0%**	**136,0%**	**67,4%**	**4,0%**	**5,3%**	GMK in % d. EK
Normal-Kosten in %	50,0%	240,0%	75,0%	140,0%	70,0%	6,0%	8,0%	
Normal-kosten	17.500	12.000	4.500	9.800	6.300	9.733	12.977	55.310
Über-/Unter-deckung	**-233**	**-795**	**-60**	**279**	**236**	**3.199**	**4.426**	**7.286**

Bitte prüfen Sie die **Unter- oder Überdeckung** der jeweiligen Kostenstellen selber nach oder vergleichen Sie die Ergebnisse mit Ihrer Excel-Tabelle. Sie sehen, dass neben dem Einkauf auch die Studios A und B eine Unterdeckung, ein **Defizit** ausweisen.

Hier wurden also mehr Gemeinkosten im aktuellen Monat verbraucht, als dies im Durchschnitt des letzten Jahres normal oder üblich gewesen wäre. Die Ursachen und Gründe sollten die Verantwortlichen der jeweiligen Kostenstellen erläutern können. Die positiven Zahlen der Studios C und D, sowie der Verwaltung und des Vertriebes erhöhen natürlich die Normalkosten der künftigen Monate. Sportlich gesprochen hängen somit die Latten oder Anforderungen an diese Hauptkostenstellen auch zukünftig noch höher.

Bei den weiteren Studios C und D, sowie in der Verwaltung und beim Vertrieb liegt eine Überdeckung, also schwarze Zahlen vor. Hier wurde sparsam und effektiv gearbeitet, zumindest im Vergleich mit den letzten 12 Monaten.

Die **Kostenstellenrechnung** beschäftigt sich mit den Orten der Kosten, also den Kostenstellen. Allgemeine Kostenstellen, z.B. die Bewachung oder ein Pförtner, dienen allen anderen Kostenstellen. Hilfskostenstellen arbeiten für eine oder mehrere Hauptkostenstellen. Hier wäre die Forschungs- und Entwicklungsabteilung ein Beispiel für eine Hilfskostenstelle, die allen Leistungskostenstellen, den vier Studios, zuarbeiten würde.

Jeder Leiter ist für die Kosten auf seiner **Hauptkostenstelle** verantwortlich und sollte Veränderungen begründen und erklären können.

Der **Betriebsabrechnungsbogen (BAB)** ist das Instrument, um die Kostenumlagen auf die Hauptkostenstellen durchzuführen. Dann können die Gemeinkosten-Zuschlagssätze ermittelt werden. Diese errechnen sich aus dem prozentualen Verhältnis von Gemein- zu Einzelkosten auf jeder Hauptkostenstelle.

Anschließend kann man die **Normalkosten** (vergangenheitsorientierte Durchschnittswerte) errechnen und somit auf jeder Hauptkostenstelle die Kostendeckung ermitteln. Das **monatliche Ergebnis** belegt, ob mehr oder weniger Kosten als geplant im letzten Monat auf jeder Hauptkostenstelle anfielen. Mehr Transparenz geht nicht!

Die **Kostenstellenrechnung** dient somit der **verursachungsgerechten Ermittlung der Gemeinkosten** auf den jeweiligen Kostenstellen, um einen Soll-Ist-Vergleich vornehmen zu können und den Kostenverantwortlichen und der Geschäftsführung ein Kontroll- und Steuerungsinstrumentarium an die Hand zu geben.

Hier sehen Sie den gesamten BAB der macchiato Fitness GmbH:

Kostenstellen		Allgemeine Kostenstelle Sicherheitsdienste	Material	Studio A	Studio B	Studio C	Studio D	Verwaltung	Vertrieb	Summen
						Hauptkostenstellen				
primäre GMK		5.500	17.590	10.962	3.745	8.095	5.045	6.350	8.469	42.666
Umlage Sicherheitsdienst			143	1.833	815	1.426	1.019	183	81	5.500
Summe GMK			17.733	12.795	4.560	9.521	6.064	6.533	8.550	48.023
Einzelkosten (Honorare + Waren)			35000	5.000	6.000	7.000	9.000	112.672	112.672	
Zuschlagssätze GMK in % der EK			50,7%	255,9%	76,0%	136,0%	67,4%	5,8%	7,6%	
Normalkosten in %			50,0%	240,0%	75,0%	140,0%	70,0%	6,0%	8,0%	
Normalkosten			17.500	12.000	4.500	9.800	6.300	6.760	9.014	48.374
Über- / Unterdeckung			-233	-795	-60	279	236	227	463	351

129

Wie viel müssen wir den Kunden berechnen?

Kostenträgerrechnung / Preiskalkulationen

Wie viel müssen wir den Kunden berechnen?

Kommen wir nun endlich zu den Preisen?

Das ist nicht so einfach! Geduld mein Lieber.

Viele glauben, dass es bei der Kosten- und Leistungsrechnung nur um die Kalkulation der Preise geht. Nun, bisher haben Sie in den ersten fünf Kapiteln den Sinn und Zweck der Kosten- und Leistungsrechnung kennengelernt. Dann erfuhren Sie einige Details der Kostenartenrechnung, lernten fixe und variable und auch Mischkosten kennen. Ebenso erfuhren Sie, wie man die Gewinnschwelle für eine Firma ausrechnen kann, und lernten Kosten und deren Verläufe genauer zu analysieren. Anschließend beschäftigten wir uns mit dem sehr wichtigen Thema der Kostenverantwortung.

Im vorherigen fünften Kapitel erfuhren Sie, wie die Kosten auf **Kostenstellen** verteilt und mit Hilfe des komplexen Instrumentes des **Betriebsabrechnungsbogens (BAB)** zu bewältigen sind. Einerseits kann man mit dem BAB **Zuschlagssätze für die Gemeinkosten**, die ja nicht direkt den Kostenträgern zuzurechnen sind, ermitteln. Andererseits ist mit dem BAB eine **Kostenkontrolle** der Hauptkostenstellen möglich. Es kann die Über- oder Unterdeckung im Einkauf, bei den vier Studios, in der Verwaltung und im Vertrieb errechnet werden.

Für die **Preiskalkulation** gibt es zahlreiche Verfahren. Zunächst betrachten wir die üblichsten Kalkulationsverfahren auf **Vollkostenbasis**, d.h. es werden dabei alle Kostenarten, sowohl fixe als auch variable Kosten, in vollem Umfang berücksichtigt.

Für Sie werden relevante Kalkulationsmethoden an leicht verständlichen und gut nachvollziehbaren Beispielen dargestellt. Aber vorher ist noch einiges zu klären. Viel Spaß weiterhin!

Preiskalkulationen auf Vollkostenbasis

Wenn für die macchiato Fitness GmbH die Preise für die verschiedenen Leistungen ermittelt werden sollen, so existieren **mehrere Orientierungspunkte**.

Einerseits orientiert man sich an der **Marktsituation**: Welche Preise verlangen die Mitbewerber für ihre Produkte und Dienstleistungen?

Andererseits spielt die **Zielgruppe** der Kunden (auch die **Zielkunden** genannt) eine sehr wichtige Rolle. Wie hoch ist die Kaufkraft unserer Zielkunden?

Und natürlich spielt die **eigene Kostensituation** für jede Firma und deren Preisgestaltung eine wesentliche Rolle. Die entscheidende Frage, die ehrlich und korrekt beantwortet werden sollte, lautet: Was kosten uns unsere Produkte und Dienstleistungen?

Auch ein Fitness-Studio unterliegt in einem Markt mit vielen Anbietern und sehr vielen Nachfragern einem starken **Preiswettbewerb**. Diese Marktsituation, die für sehr viele Konsumgüter und Dienstleistungen des täglichen Bedarfs gilt, wird als **polypolistisch** (griechisch: poly = viele) bezeichnet.

Man sollte aufpassen, nicht in einen ruinösen **Preiskampf**, einen Kampf um das permanente Unterbieten der Preise, zu geraten. Schließlich ist der Preis auch häufig mit einer Qualitätserwartung durch den Kunden verbunden.

Kann es das Ziel eines aufgeklärten Verbrauchers sein, seine Produkte zu derartigen Dumping-Preisen zu erwerben? Dem Hersteller und der gesamten Lieferkette ist es unmöglich, eine für den Endverbraucher qualitativ exzellente, ressourcenschonend und sozialverträglich mit Mindestarbeitsbedingungen (Mindestlohn und menschengerechte Arbeitsbedingungen) hergestellte Ware, also ein nachhaltiges Produkt zu verkaufen.

Letztendlich arbeiten auch gut ein Drittel der deutschen Arbeitnehmer direkt oder indirekt im Exportgeschäft und versuchen „made in Germany" als Qualitätssiegel zu passenden Preisen anzubieten. Und unsere angeblich hochpreisigen Produkte (Autos, Maschinen und chemische Produkte) können trotzdem auf dem Weltmarkt sehr gut mithalten. Bis vor kurzem waren wir noch Exportweltmeister und wurden erst durch die mit mehr als 16 mal so vielen Menschen als in Deutschland ausgestattete Volkswirtschaft Chinas abgelöst.

Welche Kosten hat ein Produkt oder eine Dienstleistung zu tragen? Das herauszufinden ist ein wesentliches Ziel der **Kostenträgerrechnung**. Mit dieser **Kostentransparenz** können Sie für Ihr Unternehmen sinnvolle betriebswirtschaftliche Entscheidungen treffen. Langfristig liegt man am besten als **ehrbarer Kaufmann**, wenn auch soziale, ethische und moralische Prinzipien und ökologische Anforderungen berücksichtigt werden.

Nachhaltiges betriebswirtschaftliches Handeln bedeutet, dass ein Unternehmen und die darin handelnden und entscheidenden Menschen sich diesen drei Bereichen gleichzeitig widmen, so dass die eigene Firma eine lange Lebensdauer hat.

Der im 17. Jahrhundert in der Forstwirtschaft geprägt Begriff der **Nachhaltigkeit**, bedeutet auch heute noch, nur so viele Bäume zu fällen, wie auch gleichzeitig wieder nachwachsen können.

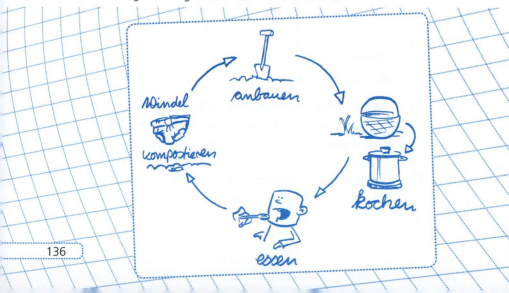

Alle wissen, dass die Kinder unsere Zukunft sind. Deshalb ist es wichtig, dass auch sie später noch etwas zu essen haben werden. Somit ist eine Kreislaufwirtschaft auch und gerade im Nahrungsmittelbereich ein wichtiger Schritt. Gesunde Nahrungsmittel, deren Reste und auch deren Verpackungen wieder verwandt werden, sind ein richtiger Schritt in die nachhaltige Richtung. Dies bietet den derzeit mehr als 7 Mrd. Menschen eine möglichst nahrungsmittelreiche Zukunft.

Ein **ökologisches Handeln**, das den Nachhaltigkeitskriterien entspricht, also ressourcenschonend mit der Natur und den Rohstoffen und unserer Energie umgeht, wenig oder besser gar nichts verschwendet, wird beim **„cradle to cradle" Ansatz (von der Wiege bis zur Wiege)** deutlich. Hierbei werden z.B. im Produktionsprozess eines T-Shirts nur natürliche Rohstoffe verwandt, die nach der Nutzung, wieder in den Wertstoffkreislauf durch eine Kompostierung zurückgeführt werden können.

Jedes Kind sollte eingebettet in eine wertschätzende und liebevolle Familie aufwachsen, deren soziale Kontakte zu anderen Kindern und Menschen eine wichtige Entwicklungsbasis für diesen jungen Erdenbürger sind.

Auch **soziales Handeln** gehört zur Nachhaltigkeit im Betrieb. Die eigenen Mitarbeiter, die Mitarbeiter der Lieferanten, auch alle in der internationalen Lieferkette beteiligten Menschen, menschenwürdig zu behandeln und angemessen nach den Tarifen und Sozialstandards zu behandeln und zu entlohnen, sollte eigentlich eine Selbstverständlichkeit sein. Der Preis für eine Arbeit, also der Lohn oder das Gehalt für einen Mitarbeiter, hat auch immer mit der Wertschätzung gegenüber diesem Menschen zu tun.

Schließlich müssen nur zwei Buchstaben ausgetauscht werden und aus ökologisch wird ökonomisch. Vielfach wird darunter heutzutage kein Widerspruch, sondern eine sich ergänzende Zielrichtung verstanden. Wenn Axel in seinen Studios ebenso wie daheim das Regenwasser für die Bewässerung und die Toilettenspülung auffangen könnte, würde er sich hohe Wasserkosten (siehe Kapitel 2 Kostenarten) ersparen können. Damit würde er in seiner Firma einen noch höheren Gewinn erzielen können.

Das **ökonomische Handeln** ist nur dann langfristig erfolgreich, also nachhaltig, wenn eine Firma oder ein Unternehmer einen Gewinn erzielt. Dann und nur dann sind seine eigenen Kosten gedeckt und es bleibt noch ein Mehrwert für ihn, sein aufgenommenes Risiko und seine schlaflosen Nächte. Gewinnerzielung ist die Triebfeder selbstständigen, freiberuflichen und unternehmerischen Handelns, nichts Böses und Anrüchiges, sondern etwas Existenzielles, das zum Fortbestand des Unternehmens notwendig ist. Vorausgesetzt, Sie haben korrekt kalkuliert, damit auch wirklich ein Gewinn für Sie und Ihr Unternehmen übrig bleibt. Aber wie das möglichst einfach und korrekt von Ihnen zu bewältigen ist, das erfahren Sie in diesem und den nachfolgenden Kapiteln.

Damit haben Sie die Zielrichtung, der sich auch eine **nachhaltige Kosten- und Leistungsrechnung** stellen sollte, kennengelernt.

Um dies zu bewältigen, benötigen Sie alle Kosten, die im Produktionsprozess oder im Dienstleistungsprozess entstanden sind, um sie möglichst dem **Kostenverursacher**, dem Kunden und Käufer Ihres Produktes oder Nutzer Ihrer Dienstleistung in Rechnung stellen zu können. Alle Kosten, also sowohl die meist fixen Gemeinkosten, wie auch die direkt den Produkten zurechenbaren variablen Einzelkosten, sollten Sie berücksichtigen. Ob nun fixe Kosten wie Gehälter, Miete oder Zinsen und Abschreibungen oder variable Material-, Energie- oder Entsorgungskosten, wirklich alle Kosten sollten Sie bei Ihrer Preisberechnung berücksichtigen. Wenn diese Kosten nicht Ihr Kunde bezahlt, würden Ihre Gewinne geschmälert oder Sie sogar in die Verlustzone gezogen werden.

Die Kalkulation dient der Ermittlung der Kosten pro Leistungseinheit, also je Produkt oder erbrachter Dienstleistung. Es müssen aber auch am Jahresende die **Bestände an Halb- und Fertigprodukten** und an **Eigenleistungen** (z.B. für die eigene Nutzung gebaute Maschinen oder Gebäude) in der Bilanz aktiviert werden, d.h. auf der Aktivseite der Bilanz **bewertet** werden. Auch sonstige innerbetriebliche Leistungen, wie z.B. Reparaturen durch eigenes Personal und Energieerzeugung, müssen am Jahresende in Euro benannt werden. Dazu können Sie die in diesem Kapitel noch vorzustellenden Kalkulationsmethoden ebenso nutzen.

Im operativen, also täglichen Geschäft ist es sehr hilfreich, **kurz- und langfristige Preisuntergrenzen** für seine Produkte und Dienstleistungen zu kennen, um sich nicht „unter Wert" zu verkaufen.

Die eigene Preisuntergrenze stellen hier die Einkaufskosten für den Drink dar. Aber damit beschäftigen wir uns noch ausführlicher im folgenden Kapitel 7 Deckungsbeitragsrechnung.

Unter **Selbstkosten** werden alle Kosten verstanden, die bis zur Auslieferung des Produktes an den Kunden tatsächlich anfallen. Dann noch einen Gewinnaufschlag, sowie zuzüglich der gesetzlichen Mehrwertsteuer, und wir haben den Listenverkaufspreis (brutto) für unseren Kunden.

Die Kalkulationen dienen der **Planung**, der **Erfolgsermittlung**, zwischenbetrieblichen **Vergleichen**, Verfahrensvergleichen bei verschiedenen Produktionsverfahren, sowie permanenten **Soll-Ist-Vergleichen**. Damit ermöglichen sie eine wirtschaftliche **Kostenkontrolle**. Jedoch darf der Nutzen dabei nicht aus dem Blickfeld verloren gehen. Darauf wird im 9. Kapitel zu den Nutzenkategorien vertiefender eingegangen.

Vor-, Zwischen- und Nachkalkulation

Nach dem Zeitpunkt der Durchführung der Kalkulation unterscheidet man die Vorkalkulation, die Zwischenkalkulation und die Nachkalkulation.

Um genau diese typische Kostenentwicklung bei größeren Bauvorhaben, ob Bahnhof, Flughafen oder Kultureinrichtung, möglichst zu beherrschen, dient die Zwischenkalkulation.

Gehen wir chronologisch vor, beginnen wir in der Zukunft und arbeiten uns über die Gegenwart in die Vergangenheit, wie es den Abläufen in der betrieblichen Praxis entsprechen sollte.

Plankostenrechnung

Hier werden die **zukünftigen Kosten** oder die geplanten Kosten der zukünftigen Perioden (Monate) angesetzt. Dies kann auf Grund von technischen Berechnungen und Verbrauchsstudien ermittelt oder abgeschätzt werden. Diese Kostenansätze werden dann als **Plankosten** oder auch **Soll-Kosten** bezeichnet.

Eine wichtige Zielsetzung ist die **Kostenkontrolle** durch den Vergleich von Plankosten mit Ist-Kosten. Mit diesem sogenannten **Soll-Ist Vergleich** wird anschließend die Ursachenforschung, die **Abweichungsanalyse** vorgenommen. Warum wurde es teurer als geplant? Oder ist die Kostensteigerung durch Qualitätserhöhung oder zusätzliche Nutzen zu erklären? Hier haben die Kostenverantwortlichen ein weites Feld vor sich, um sich und ihre Entscheidungen, die ja zu den veränderten Kosten führten, zu rechtfertigen.

Nun ist wieder der 28. Juni in Sicht und die macchiato Fitness GmbH feiert bald den 5. Geburtstag. Axel schlägt eine Party in einem Studio vor und macht eine Kostenplanung dafür.

Auch wichtige unternehmerische Entscheidungen, wie **Investitionsentscheidungen** können mit solchen für die Zukunft ermittelten Zahlen, falls diese Zahlen der späteren Realität entsprechen, besser getroffen werden. Auf die klassischen Verfahren der statischen Investitionsrechnung (Kostenvergleichs-, Rentabilitäts- und Amortisationsrechnung) und der dynamischen Investitionsrechnung kann hier leider nicht eingegangen werden.

Istkostenrechnung
Hier werden die **tatsächlich angefallenen Kosten** angesetzt. Wir befinden uns also in der Realität der Gegenwart.

Die hohen Temperaturen haben zu mehr Konsum an Getränken und weniger Essen geführt. Alle anderen Kostenarten entstanden wie geplant.

Der **Soll-Ist-Vergleich** nach der erfolgreichen Party mit vielen Kunden und Freunden bringt folgendes Bild:

Die -50 € ergeben eine Abweichung der Ist-Kosten von den Soll-Kosten. Die Party fiel also mit 50 € kostengünstiger als geplant aus.

Normalkostenrechnung

Da nicht permanent bei der macchiato Fitness GmbH eine solche Jubiläumsfeier stattfindet, liegen somit keine Zahlen, keine Normalkosten dafür vor.

Die **vergangenheitsorientierte Kostenrechnung** wird auch als Normalkostenrechnung bezeichnet. Wenn die **Durchschnittswerte der Vergangenheit** als die normale Fortschreibung in der Gegenwart und auch für die Zukunft gelten würden, könnte man dies als sozusagen „normal" bezeichnen. Aber was ist schon normal? Heutzutage ist in beinahe allen Firmen auf allen Märkten die permanente Veränderung längst Normalität geworden.

Normalerweise werden die durchschnittlichen Ist-Kosten der vergangenen Perioden (Monate) angesetzt. Üblich ist ein **gleitender Durchschnitt** der letzten 6 oder gar 12 Monate.

Alle Arten der Vor-, Zwischen- und Nachkalkulation haben ihre Daseinsberechtigung und ihre speziellen Begriffe. Aber kommen wir nun endlich zu den Kalkulationsverfahren. Es gibt verschiedene Arten, beginnen wir mit einem simplen Verfahren.

Divisionskalkulation

Wie der Name es bereits verrät, wird hierbei dividiert, also geteilt. Man teilt die **Gesamtkosten** durch die **Leistungen**, z.B. Stückzahlen und erhält somit die Stückkosten. Oder beim Auto teilt man die Gesamtkosten durch die km-Fahrleistungen und erhält dadurch die Kosten je gefahrenem km.

Einstufige Divisionskalkulation
Benziner versus Elektroauto

Für die Investitionsentscheidung in den Fuhrpark aller vier Fitness-Studios sollen zwei PKW verglichen werden. Wir sehen uns zunächst die von Harry aufbereiteten Zahlen für zwei PKW an. Es handelt sich dabei um ein konventionell angetriebenes Auto, das dafür Benzin benötigt, und ein ausschließlich mit Strom angetriebenes Elektroauto.

Wir beginnen mit einem **konventionellen PKW**. Dieser wird mit Benzin angetrieben. Der Rohstoff Öl dafür ist endlich.

Der Benziner verursacht an **fixen Kosten** jährliche Abschreibungen (Anschaffungskosten : Nutzungsdauer), Versicherungsprämien für eine Vollkasko- und Haftpflichtversicherung und die KfZ-Steuer.

Die **variablen Kosten**, also von der Leistung abhängigen Kosten für Benzin, Verschleiß, also Reifenabnutzung, Ölwechsel und sonstiges, wie Scheibenwischer usw. werden dazu addiert und ergeben die Gesamtkosten, die wiederum durch die jährliche Fahrleistung geteilt die Kosten je gefahrenem km ergeben.

KfZ-Kalkulation		PKW-TYP				
Kostenarten	**Werte**	**Benziner**	**Werte**	**jährl. Kosten**	**mtl.Kosten**	**var. Kosten €/km**
Anschaffung	21.400 €	Lebensdauer	10 Jahre	2.140	178	
Versicherung	1.000 €	Schadensklasse	30%	300	25	
KfZ-Steuer				100	8	
Benzinverbrauch	8,00	Liter Benzin / 100 km	1,55 /Liter	2.232	186	0,124
Verschleiß	4,50	/100km		810	68	0,045
			Gesamtkosten	5.582	465	0,169
	Leistungen	km/Jahr	**18.000**			
		Kosten/km	**0,31 €**			

Die ausführlichen Berechnungen der folgenden Tabelle erfahren Sie im Internet.

Nun betrachten wir ein **Elektroauto** und dessen Kosten. Auch hier sind die variablen Kosten in Blau zu sehen. Sie werden in nachfolgender Abbildung sehen, dass die Anschaffungskosten bei diesem PKW deutlich höher liegen und somit zu höheren Abschreibungen bei ebenfalls zehn jähriger Nutzungsdauer führen.

Für die Akkus, die Stromantriebsquelle, wird eine monatliche feste Leasingrate von 79 € erhoben. Dies verringert die noch höheren **Anschaffungskosten** für das Elektroauto mit Akkus, die ansonsten bei etwa 30.000 € liegen würden. Die Fixkosten insgesamt liegen trotzdem deutlich über denen des Benzinautos.

Fixe **Versicherungskosten** bei einer Schadensfreiheitsklasse von 30 % und variable **Verschleißkosten** mit 4,50 € je gefahrenem km fallen bei beiden Autos in gleicher Höhe an. Jedoch liegen die **variablen Stromkosten** deutlich unter den Benzinkosten. Mit nur 765 € Stromkosten für 18.000 km gleicht das Elektroauto die höheren Fixkosten mehr als aus und erzielt um 90 € geringere Gesamtkosten gegenüber dem Benziner.

Die ausführlichen Berechnungen der folgenden Tabelle erfahren Sie ebenfalls im Internet.

KfZ-Kalkulation		PKW-TYP				
Kostenarten	Werte	Elektroauto	Werte	jährl. Kosten	mtl.Kosten	var. Kosten €/km
Anschaffung	26.690 €	Lebensdauer	10 Jahre	2.669	222	
Versicherung	1.000 €	Schadensklasse	30%	300	25	
Akku-Leasing				948	79	
Stromverbrauch	17,00	Liter kWh / 100 km	0,25 /kWh	765	64	0,043
Verschleiß	4,50	/100km		810	68	0,045
			Gesamtkosten	5.492	458	0,088
	Leistungen	km/Jahr	**18.000**	**-90**	**-8**	**-0,082**
		Kosten/km	**0,305 €**	Differenzen zum Benziner		

148

Axel überlegt, ob die notwendigen Fahrleistungen von 18.000 km jährlich erreicht werden, denn erst ab dieser Leistung ist ein **Elektroauto
kostengünstiger** als ein konventionelles mit Benzin angetriebenes Ve-
hikel. Natürlich muss auch die eingeschränktere Reichweite von etwas
über 100 km mit einer Akkuladung beim Elektroauto berücksichtigt
werden.

Axel bejaht obige Voraussetzungen für seine Praxis und entscheidet sich
aus Kostengründen für das Elektroauto.

Im **direkten Kostenvergleich** ergibt sich folgendes Bild für diese beiden PKW:

in €	Fixkosten	Energiekosten	Verschleiß	Gesamtkosten
Benziner	2.540	2.232	810	**5.582**
Elektroauto	3.917	765	810	**5.492**
			Differenz	**90**

Knopfkalkulation

Noch ein simples Beispiel aus der Knopfproduktion: Die Gesamtkosten
für die Produktion von 8 Millionen Knöpfen betragen 80.000 €. Demnach belaufen sich die Stückkosten je Knopf auf 0,01 € (80.000 € :
8.000.000 Knöpfe) oder einen Cent.

> Die **einstufige Divisionskalkulation** betrachtet nur ein Pro-
> dukt und dividiert die Gesamtkosten durch die hergestell-
> te Stückzahl. Dadurch erhält man die Kosten je Stück, auch
> **Stückkosten** genannt.

Dies ist eine alte Technologie, Knöpfe mit der Hand herzustellen. Und eine simple, aber undifferenzierte Methode deren Kosten zu ermitteln, somit meist zu ungenau ist, nämlich dann, wenn zwischen hergestellter und verkaufter Stückzahl ein großer Unterschied besteht.

Diese Schwäche der einstufigen Divisionskalkulation, weil hier alles in einen Topf geschmissen wird und nur ein Preis für Knöpfe errechnet wird, egal ob verkauft oder gelagert, kann durch die folgende Methode behoben werden.

Mehrstufige Divisionskalkulation

Diese Methode vermeidet die Schwächen der einstufigen Divisionskalkulation, indem sie zwischen **produzierter und abgesetzter Menge unterscheidet**.

Nun möchte Axel selber Jonglierbälle herstellen und lässt von Harry das Herstellungsverfahren durchrechnen.

Die im Abrechnungszeitraum insgesamt angefallenen Kosten werden in die für die Produktion erforderlichen Herstellkosten und die für den Vertrieb erforderlichen Vertriebskosten sowie die Verwaltungskosten untergliedert.

An folgendem Beispiel soll dies mit diesen Angaben veranschaulicht werden:

Produktionsmenge	200.000 Stück Jonglierbälle
Absatzmenge	150.000 Stück Jonglierbälle
Vertriebskosten	80.000 €
Verwaltungskosten Produktion	30.000 €
Verwaltungskosten Vertrieb	10.000 €
Herstellkosten	210.000 €
Gesamtkosten der Abrechnungsperiode	**330.000 €**

Schön, dass wir jetzt auch noch Jonglierbälle für unser Training einsetzen

Jetzt setzt Harry die zweistufige Divisionskalkulation ein, um zwischen produzierter und abgesetzter Stückzahl zu unterscheiden. Die somit genauere Lösung präsentiert er nun.

Die Herstell- und die Verwaltungskosten der Produktion werden durch die Herstellmenge geteilt und ergeben mit 1,20 € den ersten Bruch. Hinzu kommen die Vertriebskosten und die Verwaltungskosten des Vertriebs, die nur durch die abgesetzte Stückzahl dividiert werden. Dies ergibt den zweiten Bruch mit 0,60 €. Somit ergeben sich Gesamtkosten für einen hergestellten und auch abgesetzten, also verkauften Jonglierball von 1,80 €.

$$\text{Selbstkosten} = \frac{210.000 + 30.000}{200.000} + \frac{80.000 + 10.000}{150.000}$$

$$= 1,20 \text{ € Herstellkosten} + 0,60 \text{ € Vertriebskosten} = 1,80 \text{ €}$$

Die **Selbstkosten** der abgesetzten Menge betragen 1,80 € je Jonglierball. Da mit den Bällen nicht das Hauptgeschäft betrieben werden soll, kann ein nur kleiner **Gewinnaufschlag** von vielleicht 0,20 € auf die Kosten draufgelegt werden, so dass ein Ball vielleicht für 2 € je Stück an die Kunden verkauft werden könnte.

Die **preispolitischen Maßnahmen** werden zwischen Axel und Harry sicher noch zu Diskussionen Anlass geben. Möchte man mit dem Hauptgeschäft der Fitness-Studios das eigentliche Geschäft machen und sind die Zusatzangebote (Workshops, Ernährungsberatung usw.), sowie die angebotenen Produkte, wie z.B. Fitness-Drinks und Jonglierbälle, Terrabänder usw. nur kostendeckend an die Kunden als kleine Schmankerl abzugeben oder sollen diese Zusatzleistungen auch mit ordentlichen Deckungsbeiträgen zum Geschäftserfolg beitragen? Damit werden wir uns in den folgenden beiden Kapiteln, im Kapitel 7 Deckungsbeitragsrechnung und im Kapitel 8 Prozesskostenrechnung, noch intensiver beschäftigen.

Die auf Lager produzierten 50.000 Jonglierbälle dürfen am Jahresende jedoch nur mit den Herstellkosten und den anteiligen Verwaltungskosten bewertet werden. Eine höhere **Bewertung** der auf Lager gehenden Stückzahlen würde zum Ausweis unrealisierter Gewinne führen.

Dies ist gemäß den Regelungen des Handelsgesetzbuches nicht erlaubt. Vertriebskosten aber auch Forschungs- und Entwicklungskosten dürfen **nicht** mit einbezogen werden für Produkte, die noch im Lager liegen und auf ihren möglichen Verkauf im nächsten Geschäftsjahr warten. Mit der dann hoffentlich stattfindenden Veräußerung fließen über den Verkaufspreis dann alle Kosten wieder in das Unternehmen zurück.

Äquivalenzziffernkalkulation

Nun lernen Sie eine Methode kennen, die sich zwar kompliziert anhört, aber für ähnliche Produkte, z.B. Sorten von Fitness-Drinks, gut und relativ einfach anzuwenden ist.

Aufgrund der verwandten Kostenstrukturen der Drinks lassen sich die **Selbstkosten** je Drink mit Hilfe von sogenannten **Äquivalenzziffern** berechnen. Diese Äquivalenzziffer eines Drinks gibt an, in welchem Verhältnis die Kosten eines Produktes zu den Kosten des Bezugsproduktes mit der Ziffer 1 stehen.

Nehmen wir an, die drei Drinks mit den Geschmacksrichtungen Apfel, Himbeere und Vanille stehen in diesem Kostenverhältnis zueinander. Grundlage für dieses Verhältnis könnte z.B. der Materialeinsatz sein.

Sorte	Äquivalenzziffern
Apfel	1,0
Himbeere	1,5
Vanille	0,5

Ein Produkt, hier der Apfel-Drink, wird als Bezugsprodukt gewählt, weil von diesem Produkt beispielsweise die größte Menge hergestellt wird. Durch die Ermittlung von Äquivalenzziffern werden die Produkte rechnerisch gleichnamig gemacht. Diese Werte werden von den Produktionsingenieuren oder hier von unserer Einkäuferin Tina vorgegeben und bedeuten, dass die Produktion des Drinks Himbeere 50 % mehr Kosten verursacht als Apfel und Vanille 50 % weniger.

Die **Arbeitsschritte** sind nach dem entscheidenden Schritt, der Bestimmung der einzelnen Äquivalenzziffern für jede Sorte, relativ einfach. Durch Multiplikation der jeweiligen Stückzahlen der einzelnen Sorten mit der jeweiligen Äquivalenzziffer erhält man eine sogenannte **Schlüsselzahl**. Nachdem die errechneten Schlüsselzahlen alle addiert wurden, teilt man die angefallenen Kosten der gesamten Produktion durch diese gesamten Schlüsselzahlen und erhält die **Stückkosten** für das Produkt mit der Äquivalenzziffer 1,0. Dies sind dann die Stückkosten des Apfel-Drinks. Die Stückkosten der beiden anderen Sorten werden durch Multiplikation mit den jeweiligen Äquivalenzziffern ermittelt. Die **Gesamtkosten** erhält man durch Multiplikation mit der Produktionsmenge.

Sorte	Äquivalenz- ziffer	Stück- zahlen	Äquiziffer * Stückzahl = Schlüsselzahl	Stück- kosten	Gesamt- kosten
Apfel	1,0	1.500	1.500	1,17	1.750
Himbeer	1,5	700	1.050	1,75	1.225
Vanille	0,5	900	450	0,58	525
				Herstellkosten /∑ Schlüsselzahl	
Summen	Herstellkosten	3.500	3.000	1,17	3.500

Bei **Herstellkosten** für alle Drinks von insgesamt 3.500 € würden sich bei obigen Produktionsmengen insgesamt **Schlüsselzahlen** von 3.000 ergeben. Somit betragen die **Stückkosten** für einen Apfel-Drink 1,17 € (3.500 € :3.000). Weiterhin braucht man lediglich diese Stückkosten mit den anderen Äquivalenzziffern zu multiplizieren und man erhält die Stückkosten für den Himbeer-Drink mit 1,75 € (1,17 € * 1,5) und für den Vanille-Drink mit 0,58 € (1,17 € * 0,5).

Einmal als Excel-Datei eingerichtet (siehe Beispiel-Datei im Internet) kann man sehr einfach die jeweiligen Kosten für die Produkte einer ähnlich strukturierten Sorte ermitteln. Vorausgesetzt, dass die von Ihnen gewählten oder ermittelten Äquivalenzziffern der tatsächlichen Kostenrealität entsprechen.

Bei der **Sortenfertigung** kann diese Methode, die eine Sonderform der Divisionskalkulation darstellt, ihre sinnvolle Anwendung finden. Produktionstechnisch oder absatztechnisch **verwandte Produkte**, die gleiche oder ähnliche Rohstoffe verarbeiten, deren Fertigungsablauf Gleichheiten aufweist, Kapazitäten wie Maschinen, Transportmittel oder Personal aber unterschiedlich beansprucht, können relativ einfach mit dieser Methode kalkuliert werden. Die Sorten können sich auch im Materialeinsatz unterscheiden. Beispiele in der Praxis finden sich bei der Blechproduktion, Garnproduktion, bei Brauereien und in unserer macchiato Fitness GmbH bei der Produktion von Fitnessdrinks.

Zuschlagskalkulation

Hier kommt nun der Klassiker, der auch für kleinere Firmen ein differenzierteres und exakteres Kostenermittlungsverfahren darstellt.

Summarische Zuschlagskalkulation

Hierbei werden alle einzelnen Kosten, also Einzelkosten und die durch die Zuschlagssätze im BAB ermittelten Gemeinkosten zu einer Summe aufaddiert.

Ein Beispiel aus der Produktion von 10.000 Jonglierbällen soll Ihnen diese Methode veranschaulichen.

Folgende Daten liegen Harry dazu vor. Die Produktion von 10.000 Jonglierbällen verursacht folgende Kosten:

Fertigungslöhne	10.000 €
Fertigungsmaterial	20.000 €
Gemeinkosten	60.000 €

Zuschlagssatz auf Löhne 600 % $= \dfrac{60.000 * 100}{10.000}$

oder

Zuschlagssatz auf Material 300 % $= \dfrac{60.000 * 100}{20.000}$

Sie sollten natürlich nur einen der beiden Zuschlagssätze wählen, ansonsten hätten Sie die Gemeinkosten ja doppelt auf die Jonglierbälle verteilt. Die Zuschlagssätze von 300 % auf den Materialeinsatz oder 600 % auf die Löhne addieren Sie zu den Einzelkosten für die Jonglierbälle. Allerdings wäre mit dieser Methode nur eine sehr grobe Kalkulation möglich.

Selbstkosten eines Jonglierballs:

Fertigungslohn	1 €	
Fertigungsmaterial	2 €	
Gemeinkosten	6 €	(600 % vom Lohn oder 300 % vom Material)
Selbstkosten	9 €	

Damit wären die **Selbstkosten** für diesen göttlichen Jonglierball zwar mit 9 € grob abgeschätzt. Aber die differenzierende Zuschlagskalkulation bietet allen Firmen mit einem **Betriebsabrechnungsbogen** eine wesentlich verursachungsgerechtere, also präzisere Methode an.

> Zuschlagskalkulationen werden dann sinnvoller Weise verwendet, wenn der Betrieb eher unterschiedliche, also heterogene Leistungen erstellt. Wenn die einzelnen Produkte völlig **unterschiedliche Kostenstrukturen** aufweisen, ist eine Umrechnung auf ein Einheitsprodukt, wie bei der Äquivalenzziffernkalkulation, nicht möglich. Zuschlagskalkulationen basieren auf einer Trennung in **Einzelkosten und Gemeinkosten**. Die **variablen Einzelkosten** sind den Produkten oder Dienstleistungen **direkt** zuzurechnen. Die meist **fixen Gemeinkosten** werden über sogenannte **Zuschlagssätze** (prozentuale Größen, die das Verhältnis der Gemein- zu den Einzelkosten abbilden) auf die Kostenträger zugeschlagen.

Differenzierende Zuschlagskalkulation

Axel ist es gelungen, den Vorstand der benachbarten Firma Clever AG zu überzeugen, dass es seiner Firma einen Nutzen bringen würde, wenn die Mitarbeiter auch die macchiato Fitness-Studios nutzen würden. Die AG möchte einen Rahmenvertrag mit der macchiato Fitness GmbH schließen, damit ihre Mitarbeiter Trainingsangebote wahrnehmen können. Eine unter Aspekten des Gesundheitsmanagements clevere Idee.

Die Angebotskalkulation für die 100 Mitarbeiter der Clever AG sieht folgendermaßen aus:

Damit Sie nicht zurück ins letzte Kapitel 5 Kostenstellenrechnung blättern müssen, hier nochmals die Gemeinkosten-Zuschlagssätze der einzelnen Hauptkostenstellen.

Hauptkostenstellen						
Einkauf	Studio A	Studio B	Studio C	Studio D	Verwaltung	Vertrieb
50,7%	255,9%	76,0%	136,0%	67,4%	5,8%	7,6%

Zu allen Einzelkosten, die für einen Kunden anfallen, müssen dann die jeweiligen Gemeinkosten-Zuschläge hinzuaddiert werden, damit die Gemeinkosten auch von unseren Kunden (Kostenträgern) quasi getragen oder übernommen werden.

100 Mitarbeiter sollen die Angebote jeweils eines Studios in Anspruch nehmen. In der Angebotskalkulation wird versucht, den Materialaufwand abzuschätzen und dazu die Gemeinkosten von Tinas Einkauf zu kalkulieren. Ebenfalls als Einzelkosten werden die variablen Trainerho-

norare, die zusätzlich anfallen, angesetzt. Die Zuschlagssätze der Studios sollen die fixen Gemeinkosten, wie z.B. Miete, Gehälter für angestellte Trainer und Abschreibungen usw. tragen. Nennen wir die so bezeichneten Herstellkosten bei diesem Dienstleister **Studiokosten**, die sich also aus Materialkosten (Einzel- und Gemeinkosten) und Trainerkosten (Einzel- und Gemeinkosten) zusammensetzen. Nicht vergessen werden sollten Harrys Gemeinkosten in der Verwaltung sowie Axels Gemeinkosten im Vertrieb. Seinen Aktivitäten ist es zu verdanken, dass dieser Großkunde für die macchiato Fitness GmbH gewonnen werden konnte. Die Basis für diese Gemeinkosten-Zuschlagssätze bilden die sogenannten Studiokosten.

Differenzierte Zuschlagskalkulation	Studio A	Studio B	Studio C	Studio D	
Materialeinsatz	5,00	3,00	5,00	4,00	
Mat-GMK	2,53	1,52	2,53	2,03	
Trainer-Honorare	15,00	12,00	15,00	13,00	
GMK-Studio	38,39	9,12	20,40	8,76	
Studiokosten	**60,92**	**25,64**	**42,94**	**27,78**	
VW-GMK	3,53	1,49	2,49	1,61	
Vertriebs-GMK	4,62	1,95	3,26	2,11	
Selbstkosten	**69,07**	**29,07**	**48,68**	**31,50**	
Gewinnaufschlag	4,84	2,04	3,41	2,21	**7%**
Netto-Angebotspreis	**73,91**	**31,11**	**52,09**	**33,71**	
Anzahl Kunden	23	31	20	26	100
Netto-Gesamtpreis	**1699,93**	**964,32**	**1041,82**	**876,46**	**4582,53**

Das Angebot für 100 neue Kunden in den einzelnen Studios ist preislich sehr unterschiedlich. Sie erinnern sich vielleicht noch an die beiden Premium-Studios A und C, die offiziell je Kunde 44 € monatlich kosten. Sie sehen, dass diese Preise unter unseren Selbstkosten liegen. Gerade bei 23 und 20 neuen Kunden würde dies zu schmerzlichen Gewinneinbrüchen führen. Auch das Discount-Studio B mit einem offiziellem Preis von

29 € würde bei 31 Kunden und jeweils einem um mehr als 2 € höherem Angebotspreis Verlusteschreiben, bzw. keinen Gewinn erzielen können. Nur das neue Studio D, das das Standardsegment bedient, käme mit 33,71 € je Kunde mit einem unter dem offiziellem Preis liegenden Angebot zum Zuge.

Axel und Harry haben einen neuen Großkunden mit den 100 Mitarbeitern der Clever AG für das junge Studio D gewinnen können. Axel wollte mit möglichst günstigen Preisen die Vorstandsvorsitzende überzeugen, jedoch zeigte Axel die tatsächlichen Kosten auf. Axel machte ein Angebot nur für das Studio D, da bei allen anderen Studios momentan die tatsächlichen Kosten über den aktuellen Preisen liegen. Er konnte aber für das junge Studio D, bei dem der offizielle Preis 39 € beträgt, einen pauschalen Preis für 100 neue Kunden mit 36 € aushandeln, der deutlich über dem von Harry erstellten Angebotspreis von 33,71 € liegt. Alle Preisbetrachtungen sind hier ohne Umsatzsteuer, da in der Kostenrechnung uns nur der Netto-Preis interessiert. Die Umsatzsteuer ist für ein Unternehmen quasi ein durchlaufender Posten, da er vom Kunden zwar eingesammelt, aber wieder an das Finanzamt abgeführt werden muss.

Da ist nun viel Verhandlungsgeschick von Axel gefordert gewesen, diese Kunden alle in das Studio D zu vermitteln, wo einerseits noch offene Kapazitäten bestehen, andererseits sogar noch zu höheren Preisen als kalkuliert. Der Kunde ist ebenso zufrieden, 3 € unter dem offiziellen Preis abzuschließen, also für ihn gefühlte 300 € Rabatt monatlich für seine immerhin 100 Mitarbeiter zu erhalten. Aber da waren die gute Vorbereitung und Absprache zwischen Axel und Harry sicher viel Geld wert, ansonsten wären die Kunden zu den offiziellen Preisen und unter den eigentlichen Kosten in die anderen drei Studios gegangen und hätten anstatt einen Gewinn ein Verlustgeschäft für die Firma verursacht.

Harry wird die drei Studios A-C nochmals nachkalkulieren und notfalls vorschlagen müssen, die Preise der neuen Kostensituation anzupassen. Lässt sich dies bei den bestehenden Verträgen durchsetzen? Wie ist die aktuelle Marktlage? Und wie ist die Preisgestaltung bei den Mitbewerbern?

Auch diese recht gängige, in der betrieblichen Praxis sehr häufig anzu-
treffende Methode der differenzierenden Zuschlagskalkulation hat ihre
Schwächen. So ist die hier angenommene **Proportionalität** zwischen
den jeweiligen Gemeinkosten und ihren Bezugsgrößen sehr fraglich.
Weshalb sollten denn die Gemeinkosten im gleichen Verhältnis wie die
Einzelkosten wachsen? Man versucht, mit dieser Methode zwar alle Gemeinkosten auf die Kostenträger zu verteilen. Aber diese Kostenentwicklung entspricht nur selten der betrieblichen Realität. Eine Lösung
dafür bietet die in Kapitel 8 vorgestellte Prozesskostenrechnung.

Es wird überlegt, durch das Angebot von Eis noch mehr Kunden in die
Studios zu locken. Beim Einstieg ins Eisgeschäft wäre mit einem hohen
Betrag an Einzelkosten für das Material (Sahne, Früchte usw.) und die
Akkordlöhne für die Produktion der leckeren Eiscreme zu rechnen. Bei
einem Anwachsen der Einzelkosten wäre eine Zunahme der Gemeinkosten bei dieser Methode mit prozentualen Zuschlagssätzen als normal anzusehen. Dies würde aber in der Praxis nicht zwingend verursachungsgerecht notwendig sein. Weshalb sollten die Gemeinkosten
für Material, Fertigung oder gar Verwaltung und Vertrieb dadurch im

gleichen Maße, also proportional ansteigen? Hier sind die Grenzen dieser Methode erreicht. Es ist nicht zu verantworten Gemeinkosten rechnerisch entstehen zu lassen, die nicht notwendig sind. Diese fragliche Proportionalität zwischen Einzel- und Gemein-kosten ist die Schwäche der differenzierenden Zuschlagskalkulation.

Dazu werden Sie im nächsten Kapitel 7 die Deckungsbeitragsrechnung und im Kapitel 8 die Prozesskostenrechnung kennenlernen, die geeignetere Lösungen dafür anbieten.

Besonders die **Automatisierung der Fertigung** lässt die Gemeinkosten immer mehr im Verhältnis zu den Fertigungseinzelkosten (den Akkordlöhnen) ansteigen und verzerrt damit eine sinnvolle und verursachungsgerechte Zuordnung der Gemeinkosten zu den Einzelkosten. Denn mit Fertigungsgemeinkosten-Zuschlagssätzen von mehreren Hundert oder gar Tausend Prozent lässt sich keine reale Kostenzuordnung mehr treffen.

Eine weitere Frage tut sich abschließend auch noch auf: Weshalb soll ein Produkt mit hohen Herstellkosten auch entsprechend hohe Verwaltungs- und Vertriebskosten verursachen?

Maschinenstundensatzrechnung

Eine Möglichkeit, die meist hohen Fertigungskosten etwas differenzierter und damit genauer zu errechnen, bietet diese Methode der Maschinenstundensatzrechnung.

Gesucht wird der **Maschinenstundensatz** für eine neue Abfüllmaschine der Fitness-Drinks.

Dabei sind folgende Jahreskosten ermittelt worden:

Es wird zu Recht immer wieder gefragt, wie man auf den kalkulatorischen Zinssatz kommt. In vielen Lehrbüchern und Übungen wird häufig mit 8% oder gar 10 % gerechnet. Dies scheint mir in Zeiten extrem niedriger Zinsen, denn die Europäische Zentralbank (EZB) hat am 7.11.13 den sogenannten Leitzins von 0,5 % auf historisch tiefe 0,25 % gesenkt, doch recht unrealistisch. Denn der kalkulatorische Zins soll dem Unternehmer ja seine entgangenen Zinsen, die er bei einer Kapitalanlage erzielt hätte, als Kosten darstellen. Also entschuldigen Sie mir bitte meine aktuell zu hohe Annahme von 3 %, aber die Zinsen werden sicher wieder einmal steigen.

Energie	150.000 €	
Instandhaltung	15.000 €	
Werkzeuge	8.000 €	
Anschaffung	1.000.000 €	10 Jahre Nutzungsdauer
kalkulatorische Zinsen	3 %	
Raumkosten	8.400 €	Standfläche der Maschine in der Werkhalle

Zunächst werden die **Gesamtkosten** dieser Maschine für ein Jahr ermittelt.

Dann soll die **Maschinenlaufzeit**, bei einer Woche Stillstand im Jahr, wegen Wartungsarbeiten, an 5 Wochenarbeitstagen und im 2-Schicht-Betrieb, ermittelt werden.

Wie hoch ist nun der **Maschinenstundensatz**?

Dazu werden die Gesamtkosten durch die Maschinenlaufzeit in Stunden geteilt. Es ergibt sich wieder eine Divisionskalkulation und folgendes Ergebnis:

Kostenarten	in € pro Jahr		aktuelle Auslastung	max Std. im Jahr
Energie	150.000			
Instandhaltung	15.000			
Werkzeuge	8.000			
kalkulatorische Abschreibungen	100.000			
Kalkulat. Zinsen (für durchschnittliche Kapitalbindung!)	15.000			
Raumkosten	8.400			
Gesamtkosten	**296.400**		aktuelle Auslastung	max Std. im Jahr
Maschinenlaufzeit in Std.	**4.080**	(WoStd * Arbeitstage)	47,6%	8.568
Maschinenstundensatz	72,65	€/Std.	= Gesamtkosten/ Maschinenlaufzeit	
in Wochen	51	1	Wo Stillstand	
in Tagen bei 5 Arbeitstagen/Woche	255	5	Arbeitstage	
WoStd bei Schichtbetrieb (je 8 Std.)	16	2	Schichtbetrieb	

Die einzelnen Kostenarten der Maschine ergeben jährliche Kosten von 296.400 €. Die **kalkulatorischen Abschreibungen** wurden, wie Sie bereits im Kapitel 2 Kostenartenrechnung gelernt hatten, durch die Wiederbeschaffungskosten der Maschine auf die tatsächliche Nutzungsdauer verteilt, ermittelt. Hier wären dies 1 Mio € Wiederbeschaffungskosten in 10 Jahren bei der Neuanschaffung der nächsten Maschine, somit müssen 100.000 € jährlich von den Produkten getragen werden.

Die **kalkulatorischen Zinsen** werden für die Kapitalbindung ermittelt. Denn anstatt in diese Maschine zu investieren, könnte das Geld zu 3 % am Kapitalmarkt angelegt werden und würde jährliche Zinsen in Höhe von 15.000 € abwerfen. Sie wissen ja bereits, dass ein entgangener Gewinn Kosten, zumindest kalkulatorische Kosten, bedeutet. Durchschnittlich gebunden ist immer die Hälfte des investierten Kapitals. Da somit das durchschnittlich gebundene Kapital 500.000 € bei einer Investition von einer Mio € beträgt, fallen dafür bei 3 % Zinsen (dies scheint mir konservativ betrachtet ein eher realistischer **kalkulatorischer Zinssatz** zu sein; in der Literatur wird häufig mit dem Zinssatz von 10 % gerechnet!) immerhin 15.000 € an und werden als kalkulatorische Zinsen in den Maschinenstundensatz einberechnet.

Nachdem die Kosten ermittelt worden sind, werden die **Maschinenstunden berechnet**. In 51 Wochen, bei einer Woche Stillstand für Wartung, an somit 255 Arbeitstagen (51 Wo * 5 Tage) bei einem Zwei-Schichtbetrieb von 16 Stunden täglich, beträgt die gesamte Laufzeit und somit momentane jährliche Kapazität der Maschine 4.080 Stunden im Jahr. Dies sind zwar nur 47,6 % der möglichen Jahreskapazität bei vollster Auslastung in 51 Wochen an 7 Tagen und 24 Stunden rund um die Uhr. Steigerungen der Kapazitäten wären nach momentaner Lage noch gut drin.

Die gegenwärtige **Maschinenstunde** kostet somit 72,65 € (296.400 € Kosten : 4.080 Stunden) und das ließe sich noch erheblich senken bei einer weiteren Auslastungserhöhung. Die fixen Kostenanteile würden sich auf mehr Stunden verteilen und durch diese **Fixkostenproportionalisierung** würde somit der Stundensatz fallen. Unterstellt wäre dabei, dass die variablen Kosten (z.B. Energie) linear steigen. In der Praxis wäre hier ein degressiver, also unterproportionaler Anstieg durch die Mengenrabatte der Stromlieferanten an den Industriekunden zu erwarten. Aber wie verhalten sich die Instandhaltungskosten? Steigen sie unter Umständen bei zu hoher Belastung der Maschine überproportional, also progressiv? Diese Fragen kann nur der branchenkundige Fachmann im jeweiligen Einzelfall beantworten und verantworten. Nicht vernachlässigen sollte man natürlich die entscheidende Frage, ob man die dann zahlreicher hergestellten Produkte auch absetzen könnte.

Da bei der Massenproduktion die fixen Kosten, z.B. für Forschung und Entwicklung, sich auf sehr große Stückzahlen von z.B. Smartphones leichter verteilen lassen, treten sie in geringerer Höhe je Produkt auf. Man spricht von **Fixkostenproportionalisierung**, d.h. der gleichmäßigen Verteilung der Fixkosten auf alle Produkte. Das erklärt auch die häufig fallenden Preise bei den steigenden Stückzahlen von Massenprodukten.

Sollte Axel nicht in die Herstellung von Fitness-Drinks einsteigen und dafür ein eigenständiges Werk bauen? Zunächst könnte er selbst die notwendigen Investitionen kaum selber stemmen, bräuchte also **Fremdkapital** durch z.B. Bankdarlehen.

Wäre es sinnvoll, den Markt mit diesen Produkten zu überschwemmen? Bei dieser Maschine würden wahrscheinlich dafür alle deutschen Fitness-Kunden, also mehrere Millionen Nachfrager, notwendig sein.

Nein, Axel möchte doch auf dem Teppich bleiben und nicht dieses **Investitionsrisiko** eingehen.

Immerhin weiß er nun, wie er später vielleicht bei einer etwas kleineren Abfüllmaschine mit Hilfe des Maschinenstundensatzes, seine Produktionskosten ermitteln könnte.

Bei obiger Maschine ergeben sich folgende **Produktionskosten**, die nach dem Zeitbedarf der einzelnen Drinks mit dem Stundensatz multipliziert folgende Euro-Beträge ergeben.

Achtung, eine Stunde hat 60 Minuten, also muss der **Stundensatz** durch 60 geteilt werden und dann mit den Minutenwerten multipliziert werden. Für den Apfel-Drink ergeben sich 1,695 € Produktionskosten (72,65 € : 60 min * 1,4 min). Damit sind alle Gemeinkosten enthalten.

Hinzu kommen noch die Materialeinzelkosten (Rohstoffe) und die Materialgemeinkosten (für Einkauf und Lager), die alle zusammen die **Herstellkosten** ergeben. Nun werden auf dieser Basis noch die **Gemeinkostenzuschläge** für die Kostenstellen **Verwaltung und Vertrieb** aus dem BAB entnommen, denn Harry und Axel möchten ja auch bezahlt werden und die Kosten auf ihren Kostenstellen müssen ebenso gedeckt werden.

Herstellkosten plus Verwaltungs- und Vertriebsgemeinkosten ergeben die **Selbstkosten**. Diesen Betrag kostet tatsächlich jeder Drink und die macchiato Fitness GmbH hätte noch keinen Cent Gewinn damit gemacht. Also wird der **Gewinnaufschlag**, hier 6 %, zu den Selbstkosten aufgeschlagen und dies wäre der **Netto-Verkaufspreis**, den der Kunde bezahlen müsste. Da die Mehrwertsteuer, die der Endverbraucher als Kunde ebenso zu tragen hat, für uns ein durchlaufender Posten ist, der an das zuständige Finanzamt abgeführt wird, interessiert uns dieser Betrag in der Kostenrechnung nicht. Eventuelle zu gewährende **Rabatte, Boni und Skonti** müssten auch noch hinzukalkuliert werden.

Drinks		Apfel	Himbeer	Vanille	Ma-Std-Satz
Zeitbedarf in min.		1,4	1,7	1,1	72,65 €/Std.
Produktionskosten		1,695	2,058	1,332	
Materialkosten		0,230	0,270	0,070	
Mat-GMK	50%	0,115	0,135	0,035	
HerstellK		**2,040**	**2,463**	**1,437**	
Verw-GMK	10%	0,204	0,246	0,144	
Vertrieb-GMK	15%	0,306	0,370	0,216	
Selbstkosten		**2,550**	**3,079**	**1,796**	
Gewinnaufschlag	6%	0,153	0,185	0,108	
Netto-VK		**2,70**	**3,26**	**1,90**	

Diese Maschinenstundensatzrechnung kann ähnlich im Dienstleistungs-
sektor, also auch in den Fitness-Studios für die Stundensätze der Trainer,
eingesetzt werden. Dazu finden Sie in der Prozesskostenrechnung im
Kapitel 8 weitere Beispiele.

Endlich weiß ich genauer,
was unsere angebotenen
Leistungen tatsächlich
kosten und wert sind.

Eine geeignetere Alternative für die Produktkalkulation ist auch die Methode der **Maschinenstundensatzrechnung**. Insbesondere soll das Problem der ungenauen Fertigungsgemeinkostenzuschläge durch Berücksichtigung der Maschinenlaufzeitkosten gelöst werden. Alle maschinenabhängigen **Gemeinkosten** wie Abschreibungen, kalkulatorische Zinsen, Instandhaltungskosten, Raumkosten, Energiekosten und Schmiermittelkosten werden auf die **Maschinenlaufzeitstunde** bezogen und auf dieser Basis der **Maschinenstundensatz** berechnet. Was kostet also diese Maschine tatsächlich pro Stunde? Hat man dies ermittelt, so lässt sich für jedes Produkt, bei Kenntnis der Inanspruchnahme der Zeit auf der jeweiligen Maschine, der **Gemeinkostensatz** für die Produktion ermitteln.

Die Methode der Maschinenstundensatzrechnung wird nun für die Berechnung von **Stundensätzen**, für unsere Trainer eingesetzt.

Um eine Anfrage auf ein individuelles Personaltraining zu kalkulieren, benutzen wir folgendes Schema. Dabei werden die Anfahrten zum Kunden einzeln mit den **Fahrtkosten** für den Pkw erfasst. Sollte Ihr Fahrzeug höhere Kosten als die hier angesetzten 0,30 € je km verursachen, so sollten Sie natürlich diesen Betrag hier ansetzen.

Die jeweiligen Stundensätze werden für die jeweiligen Leistungen individuell festgelegt. Für eine Anreise wird ein geringerer Stundensatz als für eine Vorbereitung auf das Training oder gar das Training selber berechnet. Für die jeweiligen individuellen Trainingsmaßnahmen kann ein differenzierter Stundensatz zum Ansatz gebracht werden.

Zu den gesamten Personalkosten addieren Sie anschließend die Fahrtkosten und eventuelle Auslagen für Spezialgeräte oder externe Kosten, z.B. für Laboruntersuchungen. Ein Gewinnaufschlag wird auf die Gesamtkosten addiert, denn ansonsten hätten Sie lediglich Ihre tatsächlichen Kosten an den Kunden weitergereicht. Die differenzierte Kalkulation sehen Sie in nachfolgender Rechnung.

Stundensatzrechnung	in Std.	Stundensatz in €	Personalkosten in €	Fahrtkosten in €	in km	50 km
Vorbereitung	10	35	350			€/km
Fahrtkosten	1	15	15	15	50	0,30
Dienstleistung	40	45	1.800			
Fahrtkosten	20	15	300	300	1.000	
Nachbereitung	8	30	240			
Fahrtkosten	4	15	60	60	200	
gesamte Personalkosten			**2.765**	**375**		
Fahrtkosten			375			
Auslagen			300			
Gesamtkosten			3.440			
Gewinnaufschlag			206	6%		
Netto-Betrag			**3.646**			

Zum Glück ist die Anfahrt nicht so weit, denn beim Kunden ist mein Stundensatz höher.

Abschließend sind die Vorteile einer Preiskalkulation für ein individuelles Personaltraining deutlich erkennbar. Sie erhalten damit eine exaktere und verursachungsgerechtere Kostenermittlung, die auch unterschiedliche Stundensätze für unterschiedliche Leistungen, wie Anreise und Dienstleistungserstellung berücksichtigen kann. Damit wird nicht nur eine korrektere und kostengerechtere Kostenermittlung erreicht, sondern dem Kunden werden auch die tatsächlich in Anspruch genommenen Leistungen in Rechnung gestellt.

Unsere Übersicht über gängige **Kalkulationsverfahren** zur Ermittlung der jeweils anfallenden verursachungsgerechten Kosten beinhaltete die Divisionskalkulation (KfZ-Beispiel), die Zuschlagskalkulation (Fitnessdrinks), die Äquivalenzziffernkalkulation (Fitnessdrinks) und die Maschinenstundensatzrechnung (Drinks).

Die **Preiskalkulation** ist ein sehr wichtiger Beitrag, den die Kosten- und Leistungsrechnung ermöglicht, wenn die kalkulierten Werte der Realität entsprechen. Eine verursachungsgerechte Kostenermittlung setzt eine korrekte Erfassung der Kostenarten, eine zutreffende Verteilung der Gemeinkosten auf die jeweiligen Kostenstellen und eine richtige Ermittlung der Zuschlagssätze voraus.

Auf **Vollkostenbasis**, d.h. alle fixen und variablen Kosten werden hierbei berücksichtigt, unterscheidet man folgende Verfahren:

Ein einfaches Verfahren ist die **Divisionskalkulation**, das die Stückkosten bei Einproduktunternehmen oder PKW-km-Kosten ermittelt. Mit Hilfe der Division der Gesamtkosten durch die Leistungen (Produkte oder Dienstleistungen) werden die Selbstkosten je Produkt ermittelt.

Bei der **mehrstufigen Divisionskalkulation** wird noch zwischen der produzierten und abgesetzten Menge unterschieden, so dass man präzisere Kosten für die hergestellten Produkte und die verkauften Produkte erhält.

Die **Äquivalenzziffernkalkulation** ist besonders bei der **Sortenfertigung** ähnlicher Produkte eine einfache Methode. Der Knackpunkt dabei ist, die Kostenverhältnisse dieser ähnlichen Produkte durch Äquivalenzziffern zu bestimmen, also ein Produkt ist 1,0, ein anderes 50 % teurer, also 1,5, ein weiteres 50 % kostengünstiger, also 0,5 usw. Dann werden sogenannte Schlüsselzahlen durch die Multiplikation der jeweiligen Äquivalenzziffer mit der produzierten Stückzahl gebildet. Die Gesamtkosten für die Produktion aller Sorten werden durch die Summe aller Schlüsselzahlen geteilt und man erhält die Stückkosten für das Produkt mit der Äquivalenzziffer 1,0. Alle anderen Produkte werden mit ihren Äquivalenzziffern und diesem Preis für das 1,0-Produkt multipliziert. Somit erhält man die jeweiligen Stückkosten für die anderen Sortenprodukte.

Das Schema der **Zuschlagskalkulation** geht nach einiger Zeit der Anwendung in Fleisch und Blut über. Die differenzierende Zuschlagskalkulation sieht folgendermaßen aus:

Materialeinzelkosten

\+ Materialgemeinkosten   (jeweiliger Zuschlagssatz in % der Einzelkosten)

\+ Fertigungslohn

\+ Fertigungsgemeinkosten   (jeweiliger Zuschlagssatz in % der Einzelkosten)

\= **Herstellkosten**

\+ Verwaltungsgemeinkosten   (in % der Herstellkosten)

\+ Vertriebsgemeinkosten   (in % der Herstellkosten)

\= **Selbstkosten**

Dieses Schema ist noch weiter zu differenzieren und zu präzisieren, wenn man für die Fertigungskosten mit dem Maschinenstundensatz rechnet.

Die **Maschinenstundensatzrechnung** ermittelt alle anfallenden fixen Kosten für eine Maschine und teilt diese Kosten durch den Maschineneinsatz in Stunden. Somit erhält man den Kostensatz, den diese Maschine je Betriebsstunde verursacht. Multipliziert man den jeweiligen Zeitbedarf eines Produkts auf dieser Maschine mit dem Maschinenstundensatz, so bekommt man die dafür anfallenden Fertigungsgemeinkosten.

Dies kann alles als in der Zukunft erwarteter Planwert oder Sollwert ermittelt werden. Dann spricht man von den Plankosten einer Vorkalkulation.

Produziert man dann tatsächlich die Produkte, so fallen die tatsächlichen, aktuellen Ist-Kosten an. Dies eignet sich auch bei einer **Zwischenkalkulation** für längere Projekte, wie den Bau eines großen Tunnels oder eines Flughafens. Selbst beim Bau einer Philharmonie, wäre es angebracht, mal eine Zwischenkalkulation durchzuführen, um ein aus dem Ruder laufen der Kosten frühzeitig zu erkennen und eventuell noch gegenzusteuern. Auch hier ist Transparenz wichtig und durch eine verursachungsgerechte Kostenrechnung möglich.

Die **Normalkosten** errechnet man aus den vergangenen Durchschnittswerten. Eine **Nachkalkulation** bietet durch einen Soll- und Ist-Kosten-Vergleich eine **Wirtschaftlichkeitskontrolle**. So kann man aus den „normalen" Durchschnittswerten der Vergangenheit und der Rückmeldung der aktuellen Kostensituation eventuell noch lenkend in die zukünftige Kostenentwicklung eingreifen.

Was bringt die Praktikermethode?

Teilkostenrechnung oder Deckungsbeitragsrechnung

Was bringt die Praktikermethode?

Merkmale der Teilkostenrechnung

Nun möchte ich Ihnen deutlich machen, dass es sehr interessant und wichtig ist, zunächst nur die entscheidungsrelevanten Kosten zu betrachten. Welche sind aber diese sogenannten entscheidungsrelevanten Kosten?

Nehmen wir an, Sie wollen in den Urlaub fahren. Ihnen stehen drei **Reisealternativen** zur Auswahl: mit dem eigenen PKW, mit der Eisenbahn oder mit dem Flugzeug.

Nun wollen wir hier lediglich die Kosten vergleichen, denn auf die unterschiedlichen Nutzen gehen wir erst später im Kapitel 9 spezieller ein. Welche Kosten sollte man denn nun vergleichen, die fixen, die variablen oder die Gesamtkosten?

Richtig, die entscheidungsrelevanten Kosten sind nur die **variablen Kosten**, denn diese sind ursächlich für die Nutzung der jeweiligen Reisemöglichkeit. Beim PKW, ob Benziner oder Elektroauto oder auch bei einem Hybridfahrzeug, sind die variablen Kosten, wie im letzten Kapitel 6 beim PKW-Vergleich beschrieben, die Energie- und Wartungskosten. Das Elektroauto wäre momentan aufgrund der geringen Reichweite für eine weitere Reise eher ungeeignet, es sei denn, man möchte in kleinen Etappen von etwa 100 bis 150 km reisen. Ein Hybridfahrzeug bietet aufgrund beider Energieträger, einerseits Benzin oder Diesel und andererseits Strom, längere Reichweiten. Egal mit welchem Fahrzeug Sie reisen, Sie sollten nur die variablen Kosten für den Antrieb und die Wartung mit den Kosten für eine mögliche Bahnfahrt oder einen Flug vergleichen. Denn nur diese Kosten sind verursachungsgerecht für Ihre Reise.

Egal, ob Ihr eigener PKW zum Einsatz kommt oder nicht, die fixen Kosten für Ihren PKW, wie Abschreibung, Versicherung und Kfz-Steuern müssen Sie in jedem Fall bezahlen. Denn diese Kosten sind ja **leistungsun-**

abhängige Kosten, egal ob Sie das Auto vor Ihrer Haustür stehen lassen oder es im Urlaub nutzen. Diese Kosten fallen **immer** an, sie verändern sich noch nicht einmal. Das ist das wesentliche Kriterium von fixen, beschäftigungsunabhängigen Kosten. Somit interessieren uns diese fixen Kosten bei unseren Entscheidungen zunächst überhaupt nicht.

> In diesem Kapitel legen wir den Fokus nur auf die **variablen**, die **entscheidungsrelevanten** Kosten. Deshalb heißt diese Rechnung auch **Teilkostenrechnung**, da lediglich ein Teil der Gesamtkosten betrachtet wird. Sie wird auch als **Praktikermethode** bezeichnet, da sie sehr leicht und nutzenstiftend in der Praxis eingesetzt werden kann.

Ob die Zahlen stimmen, dafür interessieren sich bei der macchiato Fitness GmbH nicht nur Axel, Harry und Tina. Auch die Leiter der vier Fitness-Studios müssen wissen, ob erbrachte Leistungen und die dafür aufgewendeten Kosten in einem gesunden Verhältnis stehen. Das bedeutet, dass die Produkte und Dienstleistungen, um die man sich den ganzen Tag kümmert, rentabel sein sollen. Ob dies so ist, zeigt der Deckungsbeitrag, eine gute und klare Entscheidungshilfe, mit der jetzt auch die macchiato Fitness GmbH arbeitet.

Absoluter Deckungsbeitrag

Sie werden jetzt leicht verständlich erklärt bekommen, was sich hinter dieser Größe wirklich für ein Potenzial für Ihre Praxis verbirgt, Sie werden alle dazu notwendigen Rechnungen begreifen und erfahren, welche Voraussetzungen dafür jeweils notwendig sind. Wann ist ein Deckungsbeitrag gut, wann schlecht? Und welche Konsequenzen sollten Sie jeweils daraus ziehen? Sie werden wieder zahlreiche Beispiele sowie Tipps für Ihre Praxis erhalten, damit Ihnen der Einstieg in die Deckungsbeitragsrechnung und das Verständnis der Hintergründe leicht gelingen kann.

Axel Wichtich wird überrascht, als Tina Tippich die Zahlen des Geschäftsfeldes Getränkeverkauf der Fitness-Drinks vorlegt. Im letzten Monat wurde damit im Studios A Geld verbrannt, obwohl der Mitarbeiter Simon an der Getränkebar 8 Stunden täglich (= 480 min) arbeitete und Getränke einschenkte und Geld dafür kassierte.

> Der **Deckungsbeitrag** ist der Beitrag, der nach Abzug der variablen Kosten vom Verkaufserlös noch übrig bleibt, um die fixen Kosten zu decken. Dieser Betrag sollte größer als die Fixkosten sein, damit ein Gewinn erzielt wird.

Bei unserem Getränkebeispiel werden von den Netto-Verkaufserlösen (also ohne Umsatzsteuer) die Einkaufspreise als variable Kosten abgezogen. Somit erhalten wir für jedes Getränk den **absoluten Deckungsbeitrag**. Die Summe aller Deckungsbeiträge ergibt sich aus den einzelnen Deckungsbeiträgen multipliziert mit der Anzahl der verkauften Produkte. Diese gesamten Deckungsbeiträge sollten größer sein als die Fixkosten. Damit wäre der Break-Even-Point erreicht und es wird ein Gewinn erzielt.

Wenn in ein Fass viele kleine oder auch größere Beträge als Deckungsbeiträge hineintropfen, dann ist es voll, wenn die Fixkosten erreicht werden. Alles was darüber hinaus an Deckungsbeiträgen hineinläuft, schwappt quasi als Gewinn über, da ja die Fixkosten bereits gedeckt worden sind.

Absoluter Deckungsbeitrag = Erlöse minus variable Kosten

Nun schauen wir uns die einzelnen Fitness-Drinks an und ermitteln dafür die jeweiligen Deckungsbeiträge und den Erfolg.

> Die Vorgehensweise entspricht dafür immer diesen vier Schritten:
>
> Als erstes wird der absolute Deckungsbeitrag für jedes Produkt ermittelt (Erlöse minus variable Kosten).
>
> Als zweites wird der absolute Deckungsbeitrag mit den Stückzahlen multipliziert, um die gesamten Deckungsbeiträge eines Produktes zu ermitteln.
>
> Als drittes werden alle Deckungsbeiträge aller Produkte addiert, so dass man die Gesamtsumme aller Deckungsbeiträge erhält.
>
> Als viertes und letztes werden die Fixkosten von den gesamten Deckungsbeiträgen abgezogen, so dass der Erfolg (Gewinn oder Verlust) übrig bleibt!

Diese Getränke werden eingekauft und sollen nicht selber hergestellt werden. Die **Einkaufspreise** bilden die **variablen Kosten** der Getränke. Folgende Tagesübersicht entspricht dem Tagesverkauf im Studio A der Fitness Drinks mit den Geschmacksrichtungen Apfel, Himbeere, Vanille und Maracuja.

	Verkaufs-preis (VK)	Einkaufs-preis (EK)	DB = VK - EK	verkaufte Getränke	DB x Stück
Produkte	**Erlöse**	**var. Kosten**	**DB**	**Stückzahl**	**Summe DB**
Apfel	1,50	0,22	1,28	25	32
Himbeere	1,99	0,24	1,75	32	56
Vanille	2,25	0,32	1,93	78	151
Maracuja	1,49	0,07	1,42	68	97
				Gesamte DB	**336**
				Fixkosten	400
				Verlust	**- 64**

Möglichkeiten gibt es zahlreiche, um den negativen Erfolg, also hier den Verlust in einen Gewinn zu verwandeln. Da die Summe der gesamten Deckungsbeiträge für alle vier Getränke leider nicht ausreicht, um die Fixkosten für das Gehalt, die Miete usw. zu decken, könnte an verschieden **Stellschrauben** angesetzt werden.

Man könnte versuchen, die **Deckungsbeiträge** zu erhöhen. Durch mehr Stückzahlen oder jeweils höhere Deckungsbeiträge für ein oder mehrere Getränke wäre dieses Ziel zu erreichen. Andererseits könnte man versuchen, die Fixkosten unter das Niveau der gesamten Deckungsbeiträge zu reduzieren. Es gibt also zahleiche Lösungsmöglichkeiten, doch in der Praxis erhält man mit der Kenntnis der einzelnen Deckungsbeiträge zunächst eine gute Übersicht, welches Produkt in welchem Umfang zur Fixkostendeckung tatsächlich beiträgt. Sie als Branchenkenner wissen, ob Sie die Preise für diverse Getränke erhöhen können, um die jeweiligen Deckungsbeiträge zu erhöhen oder ob Sie eher die Produkte mit den höheren Deckungsbeiträgen so promoten sollten, dass die Stückzahlen steigen.

Wenn man Verluste macht, könnte man die **Auslastung** erhöhen, hier also mehr Getränke in gleicher Zeit versuchen zu verkaufen. Aber weshalb sollte das gelingen, denn bisher hat sich der Barjunge Simon auch angestrengt und getan, was er konnte.

Man könnte natürlich die **variablen Kosten senken**. Aber die macchiato Fitness GmbH möchte ja gute Getränke anbieten und Qualität hat bekanntlich ihren Preis.

Dann bliebe noch, die Preise zu erhöhen. Aber würden dann die Umsätze steigen oder eher fallen? Mit den **Preiselastizitäten**, die genau das bezeichnen, sollten wir uns kurz beschäftigen.

Die Nachfrage scheint sehr elastisch zu reagieren, d.h. durch das Senken der Preise steigt die Nachfrage an. Bei einer sehr preiselastischen Nachfrage müsste bei Preiserhöhungen die Nachfrage abnehmen. Dies zu erkunden, ist Aufgabe des Marketings. Axel wird sich also um diese **Elastizitäten** kümmern.

Relativer Deckungsbeitrag

Harry schlägt vor, auszurechnen, wie viel maximaler Gewinn gemacht werden könnte, wenn der Barmann Simon mit dem Getränkeverkauf voll ausgelastet wäre. Hier wird also von einem **Engpass** ausgegangen, der an der Bar in der Zeit besteht.

Gerade heiße Getränke sind in einer Bar Zeitfresser. In Stress- und Engpasssituationen ist es schwierig, viele Kunden mit diesen Getränken zu bedienen und einen optimalen geschäftlichen Erfolg zu erzielen.

Im Verkauf ist es je nach Branche oft üblich, mit Hilfe einer sinnvollen Honorierung, das Verkaufspersonal am Umsatz zu beteiligen. Also eine z. B. 5 % **Umsatzprovision** (**variable Kosten**) zu dem festen Gehalt (Fixkosten) könnte das Verkaufspersonal weiter motivieren, ihre Arbeit zu intensivieren.

Dazu wäre es sinnvoll, bei Engpässen, den relativen Deckungsbeitrag je Produkt auszurechnen. Der **relative Deckungsbeitrag** bezeichnet den Deckungsbeitrag, der im Engpass, also z.B. je Minute, mit einem Produkt erzielt werden kann.

$$\text{Relativer Deckungsbeitrag} = \frac{\text{absoluter Deckungsbeitrag}}{\text{Engpass (hier Zeitbedarf)}}$$

Nun rechnet Harry die Fitness-Drinks für den **Engpassfall** durch. Er hat den jeweiligen Zeitbedarf, den Simon benötigt, um den jeweiligen Fitness-Drink einzugießen und das Geld dafür zu kassieren, gestoppt und daraus die relativen Deckungsbeiträge für die Getränke errechnet. Danach legt er folgende Tabelle seinen Kollegen vor.

	Verkaufs-preis (VK)	Einkaufs-preis (EK)	DB = VK - EK	verkaufte Getränke	DB x Stück	Arbeitszeit	DB / Arbeitszeit	Stückzahl x Arbeitszeit
Produkte	**Erlöse**	**variable Kosten**	**DB**	**Stückzahl**	**Summe DB**	**Zeitbedarf in min**	**relativer DB**	**Zeitverbrauch in min.**
Apfel	1,50	0,22	1,28	48	61	0,5	2,56	24
Himbeere	1,99	0,24	1,75	80	140	1,5	1,17	120
Vanille	2,25	0,32	1,93	130	251	1,2	1,61	156
Maracuja	1,49	0,07	1,42	100	142	1,8	0,79	180
				Gesamte DB	**594**		Gesamtzeit	480
				Fixkosten	400		Zeitkapazität	480
				Gewinn / Verlust	**194**		Rest	0

Einen zeitlichen Rest von null zu haben, bedeutet, dass der arme Simon 8 Stunden am Stück, 480 lange Minuten nur Getränke eingießt und dabei auch noch kassiert. Das ist in der Praxis quasi ohne Rüstzeit, um Getränke aus dem Lager zu holen, und eine eigene Auszeit, ob zum Entspannen, Rauchen oder selbst für einen Toilettengang nicht möglich. Hier dürfen Sie sich mal über die Theorie amüsieren.

Nun soll die Gewinnsituation **im Engpass optimiert** werden. Dazu werden zunächst die Produkte mit den höchsten relativen Deckungsbeiträgen gefördert. Der relative Deckungsbeitrag bezeichnet hier den Eurobetrag, der je Minute mit dem jeweiligen Produkt erzielt werden kann. Da der Apfel-Drink in der gleichen Zeit den höchsten Deckungsbeitrag liefert, sollte er verstärkt angeboten und verkauft werden. Ein **Marketingproblem**, das ein guter Verkäufer zu lösen weiß, ohne seine Kunden zu vergraulen. Dadurch verbessert sich der Erfolg des Getränkeverkaufs.

	Verkaufs-preis (VK)	Einkaufs-preis (EK)	DB = VK - EK	verkaufte Getränke	DB x Stück	Arbeitszeit	DB / Arbeitszeit	Stückzahl x Arbeitszeit
Produkte	**Erlöse**	**variable Kosten**	**DB**	**Stückzahl vorher/jetzt**	**Summe DB**	**Zeitbedarf in min**	**relativer DB**	**Zeitverbrauch in min.**
Apfel	1,50	0,22	1,28	48 / 300	384	0,5	2,56	150
Himbeere	1,99	0,24	1,75	80 / 60	105	1,5	1,17	90
Vanille	2,25	0,32	1,93	130 / 140	270	1,2	1,61	168
Maracuja	1,49	0,07	1,42	100 / 40	57	1,8	0,79	72
				Gesamte DB	**816**		Gesamtzeit	480
				Fixkosten	400		Zeitkapazität	480
				Gewinn / Verlust	**416**		Rest	0
				Verbesserung	**222**			

Durch die Veränderung der verkauften Stückzahlen verdoppelt sich beinahe der Gewinn. Die beiden Produkte mit den höchsten relativen Deckungsbeiträgen, Apfel mit 2,56 € und Vanille mit 1,61 €, werden häufiger verkauft und tragen somit in der gleichen Zeit von 480 Minuten mit höheren Deckungsbeiträgen zur Fixkostendeckung bei. Himbeere-Drinks und Maracuja-Drinks mit nur geringen relativen Deckungsbeiträgen werden weniger verkauft. Es ist also eine Sache des **Verkaufsprogramms**, seine Favoriten zu fördern, ohne die anderen Produkte, die ja auch Deckungsbeiträge einbringen, nicht ganz zu vernachlässigen. Denn die Kunden fragen alle vier Geschmacksrichtungen nach.

Denn einem **ehrbaren Kaufmann** sollte immer der Spagat zwischen den Kundenbedürfnissen und eigenen ökonomischen Zielen gelingen. Einerseits sollten der Unternehmer und seine Mitarbeiter die Wünsche der Kunden befriedigen und sie mit Service und Kundenfreundlichkeit zur vollsten Kundenzufriedenheit führen. Andererseits sollte das Unternehmen auch seine eigenen ökonomischen Ziele hinsichtlich Gewinnerzielung nicht aus dem Blickfeld verlieren. Dazu bietet die Deckungsbeitragsrechnung ein sehr praxisorientiertes Instrumentarium. Der **absolute Deckungsbeitrag** sollte **immer** für jedes Produkt und jeden Kundenauftrag **positiv** sein, ansonsten sollte man auch einmal nein sagen. Negative Deckungsbeiträge erhöhen die Verluste oder Verringern den Gewinn, da sie ja nicht einmal die eigenen variablen Kosten decken können.

Die relativen Deckungsbeiträge sind immer bei voller Auslastung der Kapazitäten eine wichtige Hilfe, um das Produktionsprogramm so zu optimieren, dass ein optimaler ökonomischer Erfolg zu erzielen ist. Sie merken sicher schon, dass es um Optimierungen, also ein gesundes Verhältnis zwischen Kosten und Leistungen geht, nicht um kurzfristige Maximierungen, die wenig Nachhaltigkeit beinhalten, also nur von geringer Dauer sind. Was nützt es Ihnen denn langfristig, wenn Sie Ihren Kunden wegen eigener kurzfristiger Gewinne verlieren?

Im Alltag wird das Produkt mit dem höchsten absoluten Deckungsbeitrag oder im Engpass das Produkt mit dem größten relativen Deckungsbeitrag Ihnen einen optimalen ökonomischen Nutzen bringen. Somit hilft der **relative Deckungsbeitrag** bei Entscheidungen in Engpasssituationen weiter. Egal ob es um das Produktionsprogramm, die Auftragsabwicklung oder den Straßenverkauf geht. Egal, ob es sich um einen zeitlichen, einen räumlichen oder anderen Engpass handelt.

Auch die **Gewinnschwelle** lässt sich schnell mit dem Deckungsbeitrag ermitteln. Allein mit Apfel-Drinks wäre diese bei 313 verkauften Stück erreicht, denn 400 € Fixkosten : 1,28 € DB = 312,5 Stück. Das heißt, wenn 313 Apfel-Drinks verkauft werden, hätte man einen – zwar kleinen – Gewinn erzielt!

Probe: 313 Apfel-Drinks * 1,28 € Deckungsbeitrag =
= 400,64 € – 400 € DB = 0,64 € Gewinn!

Nun sehen wir uns die **Dienstleistungen**, die besonderen Workshops im neuen Studio D an. Workshops für Golfgymnastik, Skigymnastik, Spinning und Zumba sollen abgerechnet werden. Die Kunden können diese Zusatzangebote, die für jeweils eine nach oben begrenzten Teilnehmerzahlen angeboten werden, zu den angegebenen Verkaufspreisen buchen. Die Trainerhonorare werden durch die Teilnehmerzahlen geteilt und man erhält die variablen Kosten je Kunde. Bei den Deckungsbeiträgen je Kunde ergibt sich der höchste Wert bei der Golfgymnastik. Aufgrund der hohen Teilnehmerzahl mit max. 40 ist je Zumba-Kurs ein maximaler Kursdeckungsbeitrag von 325 € zu erzielen. Die Anzahl der durchgeführten Kurse ergibt die monatlichen Deckungsbeiträge je Workshop. Von der Gesamtsumme aller Deckungsbeiträge für alle Workshops werden noch die Fixkosten für diese Kurse (z.B. für Raummiete) abgezogen und es bleibt ein Gewinn übrig.

Detlef vom Studio D legt mit Tinas und Harrys Unterstützung folgende Tabelle für den letzten Monat vor.

Workshops	Teilneh-mer (TN)	Verkaufs-preis (VK)	Trainer-honorare	Trainer-honorare/TN variable Kosten je TN	VK – var. K. je TN DB je Kunde	TN * DB DB je Kurs	Kurse	DB * Kurse Summe DB
Golfgymnastik	12	18,00	25	2,08	15,92	191	10	1.910
Skigymnastik	15	13,00	20	1,33	11,67	175	13	2.276
Spinning	30	11,00	15	0,50	10,50	315	20	6.300
Zumba	40	9,00	35	0,88	8,13	325	15	4.878
							alle DB	15.364
							Fixkosten	-8.000
							Erfolg	7.364

Sie sehen, wie übersichtlich der Deckungsbeitrag jedes Kunden und jedes Workshops zu ermitteln ist. Und der Gesamterfolg aller Workshops ist ebenso leicht mit der Deckungsbeitragsrechnung darstellbar. Bitte rechnen Sie nach! Die Rundungen auf volle Euro-Beträge werden ausgewiesen, aber es wurde mit den Nachkommastellen weitergerechnet.

Hier bin ich am größten!

Die gesamten Deckungsbeiträge sind zwar bei den Spinning-Kursen mit 6.300 € am Höchsten. Dafür müssen auch insgesamt 600 Kunden jeweils 10,50 € Deckungsbeitrag „einradeln". Der Golfgymnastikkunde bringt jedoch 15,92 € Deckungsbeitrag für das Studio ein, beinahe doppelt so viel wie der Zumbakunde mit 8,13 € eintanzt. Durch die große Gruppengröße mit 40 Teilnehmern kommt dadurch natürlich auch ein interessanter Kursdeckungsbeitrag mit 4.878 € zustande.

Stufenweise Deckungsbeitragsrechnung

Eine wichtige Triebfeder ökonomischen Handelns ist der erhoffte Gewinn. Der Deckungsbeitrag ist ein Gewinnteilchen, das anzeigt, ob sich mit einem Produkt oder einer Dienstleistung ein Gewinn erzielen lässt. Zunächst trägt jeder Deckungsbeitrag dazu bei, die fixen Kosten zu decken. Ist dies erreicht, so ist jeder Deckungsbeitrag nur noch reiner Gewinnbeitrag. Das Getränkebeispiel und die Workshops machen deutlich, welchen Beitrag jedes einzelne Produkt oder jede Dienstleistung dazu tatsächlich beiträgt.

Um dies noch differenzierter tun zu können, nicht nur mit Blick auf einzelne Produkte oder Dienstleistungen, sondern auf ganze **Produktgruppen**, **Abteilungen** usw., bietet die **stufenweise Betrachtung der Deckungsbeiträge** eine Lösung an.

Wie Sie bereits weiter vorne gesehen haben, fließen die Deckungsbeiträge, wenn die Fixkosten gedeckt sind, nur noch in die Gewinne. Dies geschieht hier nun in mehreren Ebenen, sozusagen stufenweise.

Die bisher dargestellte einstufige Deckungsbeitragsrechnung betrachtet jeweils die Deckungsbeiträge der einzelnen Produkte und zieht anschließend erst die Fixkosten ab. In größeren Unternehmen kann man, soll die Leistung der einzelnen **Geschäftsbereiche** bewertet werden, dies auch nacheinander in mehreren Stufen oder Ebenen vornehmen.

Als Beispiel für die stufenweise Deckungsbeitragsrechnung soll ein **Kleidungsgeschäft** dienen. Es existieren eine Damen-, eine Herren-, eine Kinder- und eine Sportabteilung. In der Damenabteilung werden die Produktgruppen Kleider, Röcke, Hosen, Pullover, Blusen und Unterwäsche geführt. Innerhalb der einzelnen **Produktgruppen** wird nach den Marken unterschieden. Der Deckungsbeitrag einer speziellen **Marke** trägt zuerst die markenspezifischen Fixkosten (spezielles Regal oder Boutique). Die Überschüsse einer Marke werden dann gesammelt einer Produktgruppe zugeführt. Diese tragen dann die **Produktgruppenfixkosten** (z.B. Unterwäscheverkäuferinnen). Die Überschüsse werden dann wiederum gesammelt und tragen dann zusammen mit den Deckungsbeiträgen der Produktgruppen Kleider, Röcke, Hosen, Pullover und Blusen die spezifischen Fixkosten der Damenabteilung (sämtliche Fixkosten des Stockwerks Damen). Diese Addition wird fortgeführt, bis am Ende der Rechnung das Unternehmensergebnis steht.

Sehen Sie, wie diese Kaskade aus Deckungsbeiträgen die Fixkosten füllt, um dann in die nächste Ebene überzulaufen und am Ende die **Unternehmensfixkosten** (z.B. für Geschäftsführung) zu decken und anschließend unbegrenzt zum Gewinn beizutragen, der wiederum den Eigentümern des Unternehmens zufließt.

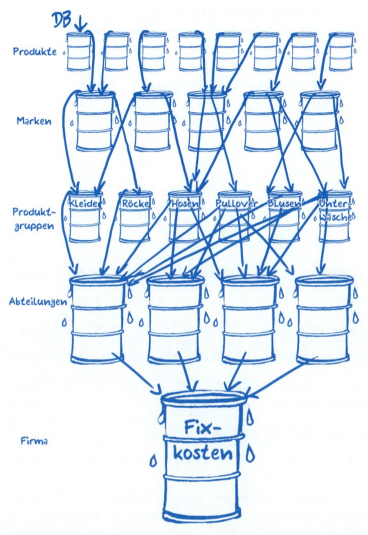

Handelskonzerne erkennen mit diesem System der mehrstufigen Fixkostendeckung, welche Filiale Gewinne erwirtschaftet und welche Verluste macht. Der Deckungsbeitrag, stufenweise eingesetzt, ist somit ein klares Entscheidungskriterium für strategische Entscheidungen wie Schließung oder Ausbau von Geschäftssegmenten. Somit können Sie an der Höhe der jeweiligen Deckungsbeiträge erkennen, wie rentabel einzelne Abteilungen oder Filialen etc. tatsächlich sind.

Zweistufige Deckungsbeitragsrechnung

Nun betrachten wir die **Studiodeckungsbeiträge** in der macchiato Fitness GmbH und deren Fixkosten und erhalten somit deren Ergebnisse (1.Stufe). Anschließend werden die Firmenfixkosten für Einkauf, Verwaltung und Vertrieb in einer zweiten Stufe vom Gesamtergebnis aller vier Studios abgezogen.

Studios	A	B	C	D
Erlöse je Kunde	44	29	44	39
- variable Kosten je Kunde	7,01	4,49	5,01	15,61
= Kunden-DB	**36,99**	**24,51**	**38,99**	**23,39**
*Kundenanzahl	294	234	261	55
= Studio-DB	**10.874,24**	**5.734,50**	**10.176,45**	**1.286,50**
- Studiofixkosten	10.370	3.994	8.584	5.359
= Studioerfolge	**503,76**	**1.740,03**	**1.592,27**	**- 4.072,73**
gesamte Studioerfolge	**- 236,67**	- Fixkosten Einkauf	- Fixkosten Verwaltung	- Fixkosten Vertrieb
- Unternehmensfixkosten	10.350	2.906	3.452	3.992
= Unternehmenserfolg	**- 10.586,54**			

Hier erkennen Sie, dass der wertneutrale Begriff des Erfolgs auch mit hohen Verlusten verbunden sein kann. Die 10.586,54 € Unternehmensverlust setzen sich aus den Fixkosten im Einkauf, der Verwaltung und dem Vertrieb sowie den zwar nur geringen Studioverlusten i.H.v. 236,67 € zusammen. Die Studioverluste resultieren aus den Verlusten des noch jungen Studios D, das erst 65 Kunden (22 % der Kapazität) hat. Durch diese zu geringe Auslastung unter der Gewinnschwelle von 148 Kunden (siehe Kapitel 3 Gewinnschwellenermittlung) erbringt Studio D als einziges einen Verlust und zwar höher als die Gewinne, die die anderen drei Studios beitragen.

In der obigen Tabelle sieht man, mit welchen „Studioerfolgen" die einzelnen vier Studios zum Gesamterfolg der macchiato Fitness GmbH beitragen. Diese spärlichen Studioerfolge, decken nicht die mehr als 10.000 € Fixkosten, die Tina, Harry und Axel in ihren Abteilungen verursachen, so dass momentan wegen der fehlenden **Kostendeckung** ein monatlicher Verlust von mehr als 10.000 € aufläuft.

In dieser Übersicht einer **zweistufigen Deckungsbeitragsrechnung** erkennt man die jeweiligen **Stellschrauben** der Studios, um den Erfolgsbeitrag zum gesamten Unternehmen zu optimieren. Neben den **Erlösen oder Kundenpreisen** und den **variablen Kosten** für Honorartrainer, Strom, Wasser und Heizung ist dies insbesondere die **Kundenanzahl**, die es zu steigern gilt.

Die drei Abteilungen Einkauf, Verwaltung und Vertrieb, verursachen **Fixkosten**, die erst einmal durch die **Deckungsbeiträge der operativen Bereiche**, also der vier Studios, gedeckt werden müssen.

Um den Gewinn des Unternehmens zu erhöhen, wären also **Fixkostensenkungen** in allen sieben Hauptkostenstellen notwendig. Weiterhin sollten die Deckungsbeiträge der Studios erhöht werden, dies geht nur durch Preiserhöhungen und/oder Absenkung der variablen Kosten.

Da alles mit allem zusammenhängt, kann man kaum etwas isoliert betrachten, sondern sollte auf ein gutes Zusammenspiel und eine **Gesamtoptimierung** durch effiziente Arbeitsprozesse achten. Damit werden wir uns im nächsten Kapitel 8 Prozesskostenrechnung noch intensiv beschäftigen.

An den obigen **Stellschrauben** kann einzeln oder parallel gestellt werden. Eine weitere Möglichkeit wäre es noch, die **Produktpalette** zu erweitern, um zusätzliche Deckungsbeiträge zu erzielen. Schauen wir uns mal an, was Harry uns hier vorstellt.

Mehrstufige Deckungsbeitragsrechnung
Die mehrstufige Deckungsbeitragsrechnung muss auf das Unternehmen abgestimmt werden, indem es den **Aufbau der Organisation** widerspiegelt. Voraussetzung für deren Einführung ist, dass Stellen, Abteilungen und Bereiche klar beschrieben und abgegrenzt sind.

Diese **Aufbauorganisation** ist für die macchiato Fitness GmbH vorhanden (siehe Kapitel 3 Kostenstellenrechnung) und soll nun durch weitere Produkte im Ernährungsbereich ergänzt werden.

Produkte für die Studios, die selber hergestellt werden könnten, wären **Fitness-Drinks**, Früchte-Drinks in den Sorten Apfel und Maracuja, sowie Joghurt-Drinks in den Sorten Erdbeere und Blaubeere und **Fitness-Kekse**, einmal aus Dinkel- und aus Hafermehl.

Harry stellt eine Tabelle vor, um vor der Einführung einen Überblick über den Erfolg dieser **Zusatzprodukte**, die zunächst ausschließlich in den vier Studios verkauft werden sollen, zu erhalten.

Es wird mit einer mehrere Stufen umfassenden Deckungsbeitragsrechnung gearbeitet. Somit wird sehr klar deutlich, mit welchen Beiträgen jedes Produkt, jede **Produktgruppe** und jeder der beiden Bereiche, Fitness-Drinks und Fitness-Kekse, zum Gesamterfolg beiträgt.

Bereiche	Fitness-Drinks				Fitness-Kekse	
Gruppen	Früchte		Joghurt		Je 100 g	
Produkte	Apfel	Maracuja	Erdbeere	Blaubeere	Dinkel	Hafer
Preis	2,49	2,99	3,25	3,85	3,99	4,49
Material	0,25	0,32	0,42	0,45	0,52	0,54
+Fertigung	0,16	0,18	0,22	0,24	0,55	0,65
= variable Kosten	0,41	0,50	0,64	0,69	1,07	1,19
Stück-DB	**2,08**	**2,49**	**2,61**	**3,16**	**2,92**	**3,30**
* Menge/Stück	500	400	700	800	600	900
= DBI je Produkte	**1.040**	**996**	**1.827**	**2.528**	**1.752**	**2.970**
-Produktfixkosten	199	100	150	250	300	360
= DBII je Produkt	**841**	**896**	**1.677**	**2.278**	**1.452**	**2.610**
DBIIProduktgruppe	1.737		3.955		4.062	
-Gruppenfixkosten	500		700		600	
= DBIII je Bereich	**1.237**		**3.255**		**3.462**	
= DBIII	**4.492**				**3.462**	
-Bereichsfixkosten	1.400				1.100	
= DBIV Bereich	**3.092**				**2.362**	
= DBIV für Unternehmen	5.454					
- Unternehmensfixe Kosten	1.900					
= ERFOLG	**3.554**					

Der **Ablauf** dieser **mehrstufigen Deckungsbeitragsrechnung** wird hier anhand mehrerer Produkte dargestellt. Die Integration in die zweistufige Deckungsbeitragsrechnung der Firma macchiato Fitness GmbH könnte dann anschließend erfolgen.

Es wären einige organisatorische Fragen zu klären. Wer produziert was? Es müssten weitere Mitarbeiter, z.B. Honorarkräfte angeworben werden, um variable Kosten und keine weiteren großen Fixkostenerhöhungen zu bekommen. Diese **„freien Mitarbeiter"** würden je nach Bedarf beschäftigt werden, um diese neuen Produkte selber herzustellen.

Die grundsätzliche Frage, die sich hierbei stellt, wäre die wichtige Entscheidung: **Eigenfertigung** oder **Fremdbezug**? Wollen und können wir diese Produkte unter den Einkaufspreisen herstellen? Bei dieser Entscheidung betrachtet man auch nur die variablen Kosten der eigenen Produktion (und zusätzlich noch eventuelle Produktfixkosten). Aber natürlich wäre es eher unüblich, als Fitness-Studio nun auch noch in die Nahrungsmittelbranche mit ihren besonderen Restriktionen einzusteigen. Harry fantasiert halt. Andererseits, was ist heute noch unmöglich. Und auf mehreren Beinen steht man immer besser.

Jedes Produkt, das wir verkaufen und das einen positiven **absoluten Deckungsbeitrag** (Erlöse minus variabler Kosten) hat, trägt immer zum Unternehmenserfolg bei, denn es führt immer zu einer zumindest teilweisen Fixkostendeckung. Wenn eine ausreichende Anzahl von allen Produkten verkauft wird, so werden alle Fixkosten damit gedeckt und danach wird ein Gewinn erzielt.

Die **Gewinnschwelle** wird bei einer Stückzahl erreicht, wenn alle Fixkosten gedeckt sind und das Fass damit sozusagen am Überlaufen ist. Dazu braucht man nur die Fixkosten durch den absoluten Deckungsbeitrag dieses Produkts zu teilen. Mit dieser errechneten Stückzahl werden die Fixkosten von den vielen absoluten Deckungsbeiträgen eines Produkts gedeckt. Somit erreicht dieses Produkt die Gewinnschwelle, den sogenannten **Break-Even-Point** und wirft bei höherer Stückzahl jeweils einen Gewinn in Höhe des absoluten Deckungsbeitrags ab.

$$\text{Gewinnschwelle} = \frac{\text{Fixkosten}}{\text{absoluter Deckungsbeitrag je Stück}}$$

Bei **Engpässen** ist es sinnvoll, zunächst die Produkte mit den höchsten relativen Deckungsbeiträgen (absoluter Deckungsbeitrag : Zeitbedarf) zu verkaufen. Denn diese liefern pro Zeiteinheit den höchsten Deckungsbeitrag und führen somit zum optimalen Gewinn.

Klar ist, dass nicht alle anderen Produkte eliminiert und nur noch ein Produkt verkauft werden sollte. Aber die Transparenz, das Wissen um diese Zahlen und Zusammenhänge erleichtert es, die richtigen Entscheidungen im betrieblichen Alltag und auch bei Engpässen zu treffen.

Letztendlich wäre mit dem Getränkebeispiel der Gewinn leicht zu optimieren. Es handelt sich demnach um ein Marketingproblem, das nach einer Lösungsstrategie und geeigneten Maßnahmen ruft, damit die Apfel-Drinks stärker verkauft werden.

Relative Deckungsbeiträge errechnet man, indem man die absoluten Deckungsbeiträge jedes Produkts durch den **Engpass**, bei unserem Beispiel die Zeit in Minuten, teilt. Damit erhält man quasi den Deckungsbeitrag, den man pro Minute erzielen kann. Zunächst nimmt man Aufträge mit den höchsten relativen Deckungsbeiträgen an und bedient danach die weiteren Aufträge.

Mehrstufige Deckungsbeitragsrechnungen bieten weitere differenziertere Betrachtungen für Produkte oder Bereiche von Betrieben. Damit können besonders die Stärken und Potenziale, Schwächen und Risiken erkannt werden. Damit erhält man ein weit verbreitetes **Controlling-Instrument** zur Steuerung eines Betriebs.

Welche Kosten verursacht ein Geschäftsprozess?

Prozesskostenrechnung
Welche Kosten verursacht ein Geschäftsprozess?

Hier geht es nicht um juristische Prozesse vor einem Gericht, sondern um die spezielle Betrachtung der Abläufe in einem betrieblichen Umfeld. Dazu kann man leider auch so unverständliche Definitionen wie

„Die Prozesskostenrechnung (PKR) ist ein Modellierungsverfahren der Kostenrechnung, das eine Verallgemeinerung der Akkumulation von Kosten aus einer Mehrzahl von Typen und Instanzen liefert." (Quelle: *www.wikipedia.de*) finden.

Dabei geht es um eine simple Berechnung der Kosten eines Hauptprozesses, der dazu in Teilprozesse zerlegt wird. Dies alles geschieht mit dem Ziel, die verursachungsgerechten Kosten zu ermitteln.

Dienstleistungsprozesse

Dienstleistungsprozesse sind meist komplexer als Produktionsprozesse. Neben den klassischen Produktionsverfahren zur Herstellung von Produkten, ob Schokolade oder PKW, gibt es auch Prozesse für die Erbringung von Dienstleistungen. Sehen wir uns einige **Hauptprozesse** bei der Firma macchiato Fitness GmbH einmal etwas genauer an.

Wir betrachten zunächst den Kernprozess einer normalen Mitgliedschaft, die ja bekanntlich zur Studionutzung berechtigt, um dort seinen sportlichen Aktivitäten nachzugehen, die der eigenen Gesundheit, dem Spaß an der Bewegung und auch sozialen Kontakten dienen.

Der **Hauptprozess** gliedert sich in **drei Phasen**: die Kontakt-, die Mitgliedschafts- und die Nachbetreuungsphase. Axel als Marketingexperte ist für die Mitgliedergewinnung zuständig, die vier Trainer als Kostenverantwortliche in den vier Studios kümmern sich um die besten Dienstleistungsangebote für die aktiven Mitglieder und auch um deren Nachbetreuung nach deren eventuellem Ausscheiden. Vielleicht nimmt ein Kunde nur eine Auszeit und kann später wieder für das Training gewonnen werden? Ebenso ist jeder Kunde als Multiplikator über die Mundzu-Mund-Propaganda sehr wichtig und sollte somit zu Sommerfesten und anderen Events auch nach seinem aktiven Ausscheiden eingeladen werden. Wenn man einmal den Kundengewinnungsprozess und deren Kosten sich genauer ansieht, wird man einen Kunden so schnell nicht wieder gehen lassen, auch wenn er zwischenzeitlich seine Trainingsaktivitäten ruhen lassen möchte.

Der **Phasenablauf** stellt den zeitlichen Ablauf dar, von der Kundengewinnung über die Mitgliedschaft bis zum Ausscheiden. Seriöse Studios bieten ihren Kunden natürlich kürzere Vertragslaufzeiten oder ein jederzeitiges Kündigungsrecht an.

Ein permanentes Kontakthalten auch in der Nachbetreuung, nach dem Ausscheiden eines Kunden aus der Mitgliedschaft, macht Sinn. Denn auch ein ehemaliger Kunde, der positiv über seine Mitgliedschaft denkt und spricht, führt zu neuen Kontakten und damit zu weiteren Mitgliedschaften, die existenziell für die macchiato Fitness GmbH sind.

Auch Dienstleistungsprozesse haben die Eigenschaft, dass sie sich in Kreisen oder **Zyklen**, also in wiederkehrenden **Einzelaktivitäten**, vollziehen. Es ist bei Dienstleistungen, die ja nicht anfassbar im materiellen Sinne wie Produkte sind, besonders wichtig, durch permanente Rückmeldungen diese immateriellen Leistungen zu verbessern.

Weitere Geschäftsprozesse der macchiato Fitness GmbH sind Workshops, die den Kunden zusätzlich, neben ihrer Mitgliedschaft, angeboten werden. Sehen wir uns den Dienstleistungsprozess für einen **Golf-Gymnastik-Workshop** genauer an.

Prozesskosten

Die Kosten für die **Teilprozesse** müssen ermittelt werden. Dies geschieht, indem man die den einzelnen Teilprozessen direkt zurechenbaren Material- und Personalkosten erfasst. Die Summe aller direkt dem Teilprozess zurechenbaren Kosten werden als **Prozesskostensatz** bezeichnet. Diese Kosten fallen somit bei der einmaligen Durchführung des Teilprozesses an.

Die Teilprozesskosten für die einzelnen sechs Teilprozesse beim **Golf-Gymnastik-Workshop** lassen sich mit den **Kosten** für Material und Raummiete usw. zuzüglich den Personalkosten (Stundensatz * Stunden) ermitteln. Diese ermittelten Prozesskosten werden durch die **Prozessmenge**, also zwölf Teilnehmer, geteilt, um die Kosten je **Prozessgröße** zu erhalten. Dies trifft auf die Terminierung und den Workshop selber zu und wird für die zwölf teilnehmenden Kunden als Prozessmenge kalkuliert. Alle anderen Teilprozesse lassen sich für zehn Kurse, also 120 Kunden, als Prozessmenge kalkulieren, da sie dafür jeweils genutzt werden können – einmal vorbereitet, zehnmal ohne nennenswerte Änderungen durchgeführt. Das Gleiche gilt für die Flyer und die Handouts und Feedbackbögen.

Hauptprozess Golf-Gymnastik				10 Termine à 1 Std.		
Teilprozesse	Einzel-kosten	Personal Stundensatz	Zeitbedarf in Stunden	Prozess-kosten	Prozess-menge	Kosten je Prozessgröße
Vorbereitung / Literatur+Trainer	25	50	3,0	175	120	1,46
Akquise / Flyer	50	30	2,0	110	120	0,92
Terminierung / Briefe	12	25	0,5	24,5	12	2,04
Workshop / Raum+Trainer	300	50	10,0	800	12	66,67
Handout / Druck+Erstellung	12	30	1,5	57	120	0,48
Feedbackbögen/ Auswertung	12	25	1,0	37	120	0,31
					Summe	71,87

Prozesskosten : Prozessmenge = Kosten je Prozessgröße

An diesem Beispiel des Workshops ist gut zu erkennen, dass es hierbei gar nicht um variable Kosten oder Einzelkosten sowie fixe Kosten oder Gemeinkosten geht. Vielmehr werden zur Ermittlung der **verursachungsgerechten** Kosten alle Kosten der jeweiligen Teilprozesse, also der Vor- und Nachbereitung und Durchführung dieses Workshops, berechnet.

Dies geschieht durch Druckkosten für Flyer, Briefmarken (falls man noch die Postkutsche losschickt!) und die Berechnung der jeweiligen Personalkosten dafür. Für einzelne Tätigkeiten wählt man passende Stundensätze und multipliziert diese mit dem Zeitbedarf in Stunden. Beide Kostenarten zusammen ergeben die **Prozesskosten**. Diese werden durch die **Prozessmenge** geteilt und man erhält die Kosten für diesen Teilprozess für einen Kunden. Die Kosten aller Teilprozesse ergeben 71,87 € Prozesskosten für diesen Workshop (Hauptprozess).

Anschließend müssten noch weitere **Gemeinkosten** des Studios (Versicherungen, Verbandsbeiträge usw.), die nicht dem Prozess zugeordnet werden können, und der kalkulierte Gewinn auf diese ermittelten Prozesskosten hinzugerechnet werden. Dadurch würde vielleicht ein Preis von 98 € für zehn einstündige Golf-Gymnastik-Workshops entstehen. Dieser wäre vom Kunden zu bezahlen und damit würde er alle tatsächlich durch seine in Anspruch genommenen Dienstleistungsprozesse entstandenen Kosten, zusätzlich eines Gewinns, an die Firma bezahlen.

Kostentreiber

Als Kostentreiber wird die spezielle Kostenart eines Teilprozesses in der Prozesskostenrechnung bezeichnet, die den Löwenanteil an den Kosten ausmacht. Dies herauszufinden, gehört zum Handwerkszeug dieser Methode. Damit kann man jeweils die wesentliche Kostenart identifizieren, die bei den einzelnen Leistungsprozessen die Kosten vorantreibt und somit einer besonderen Beobachtung bedarf.

Am Beispiel des Teilprozesses **Kundenbelieferungen** sollen die Kostentreiber ermittelt werden. Oft kommen verschiedene Bezugsgrößen, wie in dem nachfolgenden Beispiel Anzahl, Gewicht und Volumen der Lieferungen, dafür in Betracht, die alle einen proportionalen Bezug zur Prozesskostenhöhe zu haben scheinen. Die Bezugsgröße, deren **prozentuale Veränderung** im Zeitablauf den Kosten des Prozesses „Kundenbelieferung" am nächsten kommt, wird sinnvollerweise dann als Kostentreiber bezeichnet.

Wirtschafts-jahr	Kosten des Prozesses "Kundenbelieferung"	Anzahl der Lieferungen	Gewicht der Lieferungen	Volumen der Lieferungen
2013	23.400 €	745 Stück	8.546 kg	655 m³
2014	26.000 €	789 Stück	8.701 kg	729 m³
Zuwachs	11,1%	5,9%	1,8%	11,3%

Aus dem Vergleich der prozentualen Veränderungen zum Vorjahr stellt sich heraus, dass die Bezugsgröße **Volumen** der Lieferungen der geeignetste Kostentreiber zu sein scheint, da sie die **stärkste Proportionalität** zu den Kosten des Prozesses aufweist. Damit ist gemeint, dass das Volumen der jeweiligen Lieferungen eher als die Anzahl oder das Gewicht für die Kosten dieses Kundenbelieferungsprozesses als Kostentreiber oder Kostenverursacher verantwortlich ist.

Dieses Volumen treibt die Transportkosten in die Höhe und mich zum Wahnsinn!

Im Rahmen der Prozesskostenrechnung ist der Kostentreiber (engl. **Cost Driver**) eine Bezugsgröße, mit deren Hilfe ein Teil der Gemeinkosten in einem Unternehmen über die festgelegten Prozesse **beanspruchungsgerecht** auf die Kostenträger verteilt werden soll. Damit werden die **Gemeinkostenzuschlagssätze** weitestgehend ersetzt, denn so können die verursachten Kosten treffender zugeordnet werden. Auf diese Weise können unternehmerische Entscheidungen (z.B. bei der Preis- und Konditionenpolitik oder beim **Outsourcing**) besser getroffen werden.

Bei zuverlässigen Zahlen über die beanspruchungsgerechten Kosten kann man die Prozesse, die andere Firmen besser und kostengünstiger leisten können, aus dem Unternehmen herauslösen (outsourcen) und dann diese Leistungen wieder einkaufen.

Vor einigen Tagen hatten Tina und Harry gemeinsam abgestimmt, dass Tina nicht mehr die Handtücher, Tischtücher usw. der nun vier Studios selber waschen muss, da sie mit ihren Aufgaben im Einkauf und in der Buchhaltung bereits gut ausgelastet ist. Außerdem sind die vergleichbaren variablen Kosten dafür fast genauso hoch wie die **Wäschereikosten**. Und der Service der Wäscherei stimmt auch nach einer kurzen Testphase. Nun ist Harry ebenfalls über diese organisatorische Maßnahme informiert und er ist zufrieden damit, dass nun doch wieder frische Handtücher da sind.

Der **Kostentreiber** sollte sich möglichst proportional zu den Kosten eines Prozesses oder einer Kostenstelle verhalten. So sollen also solche Bezugsgrößen gewählt werden, die einen maßgeblichen Einfluss auf die **Prozesskostenhöhe** haben. Im obigen Beispiel ist die Kundenbelieferung ein vom Unternehmen definierter Prozess, bei dem die Größe oder das Volumen der Pakete einen Kostentreiber darstellt. Ziel ist es, mit dieser Größe einen **Prozesskostensatz** pro Leistungseinheit zu ermitteln und damit die Kosten je nach Beanspruchung in diesem Teilprozess ermitteln zu können.

Der **Grundgedanke der Prozesskostenrechnung** ist es, Unternehmen die Zusammensetzung von Tätigkeiten und Aktivitäten als Teilprozesse kalkulieren zu lassen. Der entscheidende Nutzen stellt die verursachungsgerechtere Zuordnung der Gemeinkosten dar. Dies geschieht nicht wie bei der Kostenstellenrechnung über pauschale Schlüssel oder Zuschlagssätze.

Der Ablauf gestaltet sich mit Hilfe der Übersicht über die Prozesse im Unternehmen, die entscheidenden Prozessgrößen (Mengen, Kostentreiber) zu ermitteln und zu berechnen. Anschließend können die einzelnen Teilprozesse zu den Hauptprozessen, die z.B. die Herstellung eines PKW oder eines Schokoladenweihnachtsmanns beinhalten, zusammengesetzt werden.

Es gibt zahlreiche Beispiele für eine **Prozessliste**, d.h. für die einzelnen Teilprozesse, aus denen sich der große Hauptprozess zusammensetzt. Einige Beispiele für Teilprozesse und deren mögliche Kostentreiber oder Prozessgrößen sehen Sie in der folgenden Übersicht:

Teilprozess	Prozessgröße (Kostentreiber)
Material lagern	Lagerraum in m³
Fertigungsplätze rüsten	Rüstzeit
Fertigungsplätze bedienen	Fertigungszeit

> Eine erfolgreiche Prozesskostenrechnung ermittelt die **Prozesskostensätze**.
>
> Prozesskostensatz = Prozesskosten : Prozessmenge = Kosten pro Prozessgröße

Nun wollen wir die Kostenstellenrechnung mit Betriebsabrechnungsbogen (BAB) und Zuschlagskalkulation mit einer Prozesskostenrechnung am Beispiel der Fitnessdrinks vergleichen. Sehen Sie sich bitte die Einzelkosten für Material und Fertigung sowie die Gemeinkosten für die Teilprozesse beim Einkauf, im Lager, bei der Produktion und in Verwaltung und Vertrieb an.

Produkte	Produktions-menge in 0,5 l Flaschen	Material (€/Fl.)	Material-EZK	Löhne €/Fl.	Fertigungs-EZK	Einkauf	Lager	Hilfs-löhne	Produk-tion	Verwal-tung und Vertrieb
Apfel-Drink	59.000	0,26	15.340	0,03	1.770					
Vanille-Drink	36.000	0,19	6.840	0,04	1.440					
Gesamtkosten			22.180		3.210	2.200	9.800	6.850	3.400	5.200
						Material-GMK	12.000	Ferti-gungs-GMK	10.250	Vw-GMK

Aus Gründen der Übersichtlichkeit werden nur die beiden Produkte Apfel-Drink und Vanille-Drink betrachtet und deren Einzelkosten für Material und Löhne sowie die Gemeinkosten für Material, Fertigung und Verwaltung und Vertrieb erfasst. Daraus errechnen sich nachfolgende Gemeinkostenzuschlagssätze.

Materialeinzelkosten (Einkauf + Lager)	22.180	54,1%	Zuschlagssatz
Material-GMK	12.000		
Fertigungseinzelkosten (Hilfslöhne+Produktion)	3.210	319,3%	Zuschlagssatz
Fertigungs-GMK	10.250		
Herstellkosten	47.640	10,9%	Zuschlagssatz
Verwaltungs-GMK	5.200		

Wie Sie bereits in Kapitel 5 Kostenstellenrechnung gelernt haben, ermitteln sich die prozentualen Zuschlagssätze, indem man die jeweiligen Einzelkosten als Basis (=100%) nimmt und den jeweiligen Prozentsatz für die Gemeinkosten ausrechnet. Wegen der fehlenden Einzelkosten in Verwaltung und Vertrieb werden die Herstellkosten als Basis genommen.

Daraus lassen sich folgende **Selbstkosten** für diese beiden Drinks kalkulieren.

	Apfel-Drink	Vanille-Drink	Zuschlagssätze
Fertigungsmaterial	15.340,00	6.840,00	
Material-GMK	8.299,37	3.700,63	54,1%
Fertigungslöhne	1.770,00	1.440,00	
Fertigungs-GMK	5.651,87	4.598,13	319,3%
Herstellkosten	31.061,24	16.578,76	
Herstellkosten je Produkt	0,53	0,46	
Verwaltungs-GMK	3.390,40	1.809,60	10,9%
Selbstkosten	34.451,63	18.388,37	
Selbstkosten je Produkt	0,58	0,51	

Hier sehen Sie die Ihnen aus Kapitel 6 Kostenträgerrechnung bereits bekannte **Zuschlagskalkulation**. Die jeweiligen Gemeinkosten errechnen sich aus dem prozentualen Zuschlagssatz multipliziert mit den jeweiligen Einzelkosten. Um die Verwaltungs- und Vertriebsgemeinkosten auf diese beiden Kostenträger (Drinks) umzulegen, wird der Zuschlagssatz mit den jeweiligen Herstellkosten multipliziert.

Die Schwächen der Zuschlagskalkulation können mit Hilfe der Prozesskostenrechnung behoben werden. Dies werden Sie auf den folgenden Seiten in diesem Kapitel genauer erfahren.

Das sind die Fragen für jeden Unternehmer, auch für Axel:

■ Können wir diesen großen Auftrag bewältigen?

■ Ist das zu komplex und zu aufwendig für uns?

■ Können wir das kostendeckend bei den Erlösen umsetzen?

Je größer der Auftrag, umso mehr Gemeinkosten werden mit dieser Zuschlagskalkulation den Produkten zugeordnet. Das entspricht **nicht** der **verursachungsgerechten Kostenzuordnung**. Daraufhin bietet die Prozesskostenrechnung eine Lösung, da hier die Gemeinkostenverrechnung je hergestellter Produkteinheit **unabhängig** vom Auftragsvolumen konstant bleibt.

Getränkekalkulationen

Im Beispielfall werden Produktionsanlagen in unterschiedlichem Ausmaß durch die beiden Drinks in Anspruch genommen. Durch Interviews mit den Kostenstellenleitern hat man die Prozessmengen und Prozessgrößen (Kostentreiber) für die einzelnen Hauptprozesse identifiziert. Nun werden die **Prozesskostensätze** ermittelt.

Arbeitsprozesse im Lager, Einkauf und in der Produktion sind als permanente Kreisläufe zu verstehen:

Lager	Einkauf	Produktion
1. Wareneingang	1. Bestellung	1. Vorbereitung
2. Lagerung	2. Lieferung	2. Material aus Lager
3. Warenbestandsänderung	3. Eingangskontrolle	3. Vorproduktion
4. Suche	4. Bezahlung	4. Endproduktion
5. Ausgang in Produktion	weiter mit 1.	5. Qualitätskontrolle
6. Nachbestellung		weiter mit 1.
weiter mit 1.		

Zunächst werden die Leistungen und Gesamtkosten dafür in den vier Teilprozessen im Einkauf, Lager und in der Produktion erfasst.

Produkte Prozessgröße	Einkauf Anzahl der Bestellungen	Lager Anzahl der Abfassungen	Hilfslöhne Anzahl der Wartungen	Produktion Maschinenstd. Je 1.000 Flaschen	Produktionsmenge in 0,5 l Flaschen
Apfel-Drink	500	4.000	2.500	5	59.000
Vanille-Drink	400	2.000	1.000	3	36.000
Gesamt	**900**	**6.000**	**3.500**	**8**	95.000
Gesamtkosten in €	**2.200**	**9.800**	**6.850**	**3.400**	

Diese Informationen über die **Prozessgrößen** (**Kostentreiber**) in den einzelnen Teilprozessen liefern die Voraussetzung, um die anteiligen Kosten des jeweiligen Drinks exakter, also verursachungsgerechter, zu ermitteln.

Den **Prozesskostensatz** für jeden der vier Teilprozesse erhält man, indem man wie bei einer Stückkostenberechnung die Gesamtkosten durch die gesamten Leistungen (Bestellungen, Abfassungen, Wartungen, Maschinenstunden) teilt.

Bereich	Rechnung	Prozesskostensatz in €	
Einkauf	2.200 : 900	**2,44**	je Bestellung
Lager	9.800 : 6.000	**1,63**	je Abfassung
Hilfslöhne	6.850 : 3.500	**1,96**	je Wartung
Produktion	3.400 : (5h*59+3h*36)	**8,44**	je Maschinenstunde
Prozesskosten	insgesamt	**14,47**	

Somit erhält man die Kosten für die jeweiligen Aktivitäten in den Teilprozessen.

Um nun zu den **Herstellkosten** und **Selbstkosten** der beiden Drinks zu gelangen, schaut man sich die Inputs, also den Materialeinsatz, die Prozesskosten der vier Teilprozesse (Einkauf, Lager, Hilfslöhne und Produktion) sowie die direkt zurechenbaren Fertigungslöhne an, deren Addition die Herstellkosten ergeben. Zu den **Prozesskosten** gelangt man, indem man den oben ermittelten **Prozesskostensatz** mit der jeweiligen Anzahl der Inanspruchnahme des jeweiligen Drinks multipliziert. Als Probe müssen die Prozesskosten des Einkaufs beider Drinks gerade wieder die Gesamtkosten des Einkaufs ergeben. Durch diese Prozesskostenrechnung sind die Kosten des Einkaufs also gerade verursachungsgerecht, je nach Inanspruchnahme, also durch die Anzahl der Bestellungen, entsprechend verteilt worden. Genial oder? Da das Fertigungsmaterial und die Fertigungslöhne als typische Einzelkosten ja den Produkten direkt zugerechnet werden können, werden die Gemeinkosten dieser vier Prozesse exakter, weil verursachungsorientiert auf die Drinks verteilt.

	Apfel-Drink	Vanille-Drink	Summe
Fertigungsmaterial	15.340,00	6.840,00	22.180,00
Einkauf	1.222,22	977,78	2.200,00
Lager	6.533,33	3.266,67	9.800,00
Fertigungslöhne	1.770,00	1.440,00	3.210,00
Hilfslöhne	4.892,86	1.957,14	6.850,00
Produktion	2.125,00	1.275,00	3.400,00
Herstellkosten	31.883,41	15.756,59	**47.640,00**
Herstellkosten je Produkt	**0,54**	**0,44**	
Verwaltungs-GMK	3.229,47	1.970,53	5.200,00
Selbstkosten	35.112,89	17.727,11	**52.840,00**
Selbstkosten je Produkt	**0,60**	**0,49**	

Nun sehen Sie, wie die beiden Methoden – einerseits die **Zuschlagskalkulation** mit den starren prozentualen Gemeinkostenzuschlagssätzen und andererseits die Prozesskostenrechnung – zu, wenn auch hier nur geringfügig, abweichenden Ergebnissen führen können.

Produkte	Apfel-Drink	Vanille-Drink
Zuschlagskalkulation	0,58 €	0,51 €
Prozesskostenrechnung	0,60 €	0,49 €

Bei der Prozesskostenrechnung ist der Apfelsaft mit 0,60 € Selbstkosten je Getränk ermittelt worden, zwei Cent mehr als bei der Zuschlagskalkulation. Der Vanille-Drink dagegen ist mit zwei Cent niedriger bei der Prozesskostenrechnung ausgefallen. Bei großen Stückzahlen können damit schon erhebliche Kostenabweichungen entstehen.

Der Umlagesatz für die Teilprozesse (Einkauf, Lager, Hilfslöhne und Produktion) wird nach folgender Formel errechnet:

Umlagesatz = Prozesskosten : Prozessmenge * 100

Damit erhält man die anteiligen Prozesskosten für jedes der beiden Produkte.

Die jeweiligen **Herstellkosten** beider Produkte werden durch die Stückzahlen an produzierten Flaschen geteilt. Damit ergibt sich, dass der Apfel-Drink 0,54 €, der Vanille-Drink dagegen nur 0,44 € Herstellkosten je Flasche à 0,5 Liter kostet.

Vielleicht sollten die beiden etwas gesünder mit ihren Körpern umgehen?

Es sollte nicht vergessen werden, noch die Verwaltungs- und Vertriebsgemeinkosten auf beide Produkte, entsprechend ihrer Stückzahlen, zu verteilen, so dass sich die **Selbstkosten** und, durch die Stückzahlen dividiert, die Selbstkosten je Produkt ergeben. Zu den Selbstkosten von 0,60 € je Apfel-Drink und 0,49 € je Vanille-Drink werden noch die Gewinnaufschläge hinzukalkuliert. Der Nettoverkaufspreis steht dann fest, für den dieses Produkt dem Kunden angeboten werden kann. Damit sind alle Kosten umgelegt und dabei die besonderen Belastungen des Produktionsprozesses verursachungsgerecht ermittelt worden. Und ein Gewinn fällt auch noch an, wenn alle Zahlen der Realität entsprechen und man sich nicht verrechnet hat.

Probieren Sie es aus. Gestalten Sie Ihre **Excel-Tabellen** für die Prozesse Ihrer Produkte oder Dienstleistungen. Sie werden merken, wenn Sie die Formeln für die Rechnungen erstellen, begreifen Sie dieses hilfreiche Kostenrechnungssystem recht schnell. Egal, ob Sie für Ihre Firma die Prozesse, Produkte oder Dienstleistungen kalkulieren oder für eine Klausur lernen, Sie sollten diese Tabellen selber gestalten, um die Verfahren im wahrsten Sinne des Wortes zu begreifen.

Ziel einer bedarfsgerechten Prozesskostenrechnung ist es natürlich nicht, die Preise zu erhöhen. Entscheidend ist es, mehr Transparenz in die tatsächlich anfallenden Kosten, insbesondere in die einzelnen Teilprozesse, zu bringen, um die wirklich anfallenden Kosten für die Hauptprozesse zu berechnen. Diese sind die Basis für eine für beide Seiten – Unternehmen und Kunden – **faire Preisberechnung**.

Das heutige Problem in vielen Produktionsfirmen ist, dass durch den technischen Wandel und die Tatsache, dass zu viele Produkte auf einer Anlage hergestellt werden, die **Gemeinkosten** oft unüberschaubar hoch werden. Andererseits werden die Lebenszyklen von Produkten immer kürzer. Dadurch entstehen hohe Neuinvestitionen und hoher Forschungs- und Entwicklungsaufwand. Es wird von Gemeinkostenzuschlagssätzen von bis zu 10.000% in den USA berichtet.

Die traditionelle **Kostenstellenrechnung** kann bei derart **hohen Gemeinkostenzuschlagssätzen** keine verursachungsgerechte Verteilung der Gemeinkosten auf die Kostenträger, also die Produkte, mehr durchführen. Weshalb sollen auch die Gemeinkosten linear zunehmen, wenn die Einzelkosten steigen?

Sehen Sie sich das nachfolgende Rechenbeispiel der Zuschlagskalkulation für Golfschläger mit sehr hohen **Gemeinkostenzuschlagssätzen** an.

Zuschlagskalkulation

Kostenart	Zuschlagssatz	Golfschläger Anfänger	Golfschläger Pro
Material		13,00	47,00
Materialgemeinkosten	**250%**	32,50	117,50
Fertigungslohn		24,00	64,00
Fertigungsgemeinkosten	**800%**	192,00	512,00
Herstellkosten		**261,50**	**740,50**

Sie sehen in diesem Beispiel, wie die Gemeinkosten bei diesen doch recht hohen, aber in der Praxis durchaus vorkommenden Gemeinkostenzuschlagssätzen von mehreren Hundert Prozent zu explodieren beginnen. Warum sollten denn **Fertigungsgemeinkosten** beim Golfschläger Pro von 512 € anfallen, die somit den Löwenanteil an den Herstellkosten von erstaunlichen 740,50 € ausmachen?

Wie werden die Kosten mit Hilfe der Prozesskostenrechnung verursachungsgerecht berechnet? Wie Sie in diesem Kapitel gesehen haben, werden die Teilprozesse dieses Herstellungsprozesses genau analysiert und die exakten Kosten dafür jeweils ermittelt. Dadurch erhalten Sie eine **verursachungsgerechtere Kostenermittlung**, die unabhängig von starren und dazu noch sehr hohen Zuschlagssätzen ist.

Zielkostenrechnung (Target Costing)

Diese Methode erfreut sich ebenso wie die Prozesskostenrechnung zunehmender Verbreitung in der betrieblichen Praxis. Es werden **Kosten als Ziele** vorgegeben. Im Rahmen dieser **Budgets** sollen die Teilkosten die Herstellung eines Produkts begrenzen, um auf maximale Kosten zu kommen, damit sich dieses Produkt noch verkaufen lässt.

Manche Märkte bieten **feste Preise**, so dass nur mit den festen Zielkostenbudgets kalkuliert werden kann, um diese Verkaufspreise auch wirklich zu erreichen.

Die Taxi-Innung, die Konzessionen für Taxis innerhalb eines Kfz-Kennzeichenbezirks vergibt und damit das Angebot reguliert, gibt ebenso die **Preise** vor. Wenn also ein Taxiunternehmer neben der Einschaltgebühr einen festen km-Preis vom Kunden auf seinem Taxameter als Umsatz abrechnen kann, ist er von seinen Kosten innerhalb dieser Erlöse **begrenzt**, sofern er Gewinn erzielen möchte.

Die finanziellen Produktziele im Target Costing stehen in Verwandtschaft zur Prozesswertschöpfungskette. Beide Verfahren haben zum Ziel die Optimierung der Verhältnisse von Kosten und Leistungen.

Die **Prozesskostenrechnung** betrachtet die einzelnen Teilprozesse mit dem Ziel, die tatsächlich für die einzelnen Dienstleistungs- oder Produktionsprozesse anfallenden Kosten zu ermitteln. Der entscheidende Vorteil gegenüber der konventionellen Zuschlagskalkulation besteht darin, dass nicht pauschale, meist auch noch hohe, prozentuale Zuschlagssätze verrechnet werden.

Die **Hauptprozesse** werden dazu in **Teilprozesse** zerlegt, um über die Prozessmenge und die Kosten je Prozessgröße die Prozesskosten zu berechnen. Dabei werden auch die **Kostentreiber**, also die dominierenden Kosten jedes Teilprozesses, ermittelt. Dies geschieht durch die Ermittlung der größten Proportionalität zwischen den Veränderungen der gesamten Prozesskosten zu den Einzelkosten.

Der **Prozesskostensatz** wird durch eine Division der Prozesskosten durch die Prozessmenge errechnet und stellt somit die Kosten je Prozessgröße dar. Nun weiß man, was eine Bestellung, eine Wartung, eine Maschinenstunde usw. verursachungsgerecht kostet.

Der verrechnete Umlagesatz je Teilprozess ermittelt sich aus den Prozesskosten * 100, dividiert durch die Prozessmenge.

Die **Zielkostenrechnung (Target Costing)** ist ein Verfahren der Prozesskostenrechnung und wird bei vom Markt vorgegebenen maximalen Preisen und somit festgelegten Kostenbudgets eingesetzt.

Was haben Sie davon?

Nutzenkategorien
Was haben Sie davon?

Nun soll es schwerpunktmäßig nicht um die Kosten, sondern um die Nutzen gehen. Axel schlägt vor, dass alle Studioleiter nicht mehr grundsätzlich einen **Dienstwagen** bekommen, sondern wählen können, ob zu ihnen und ihren individuellen Nutzenkategorien und ihren persönlichen Wünschen eher ein Elektro-Auto, ein E-Bike oder eine Monatskarte für den öffentlichen Nahverkehr passt.

Mitarbeiternutzen

Es soll eine Übersicht über die individuell unterschiedlich zu bewertenden **Nutzenkategorien** erstellt werden. Anschließend werden die individuellen Kosten für alle drei Alternativen (E-Auto, E-Bike, Fahrkarte) errechnet. Was kostet die Fahrt zur und von der Arbeitsstelle pro Tag? Und schließlich betrachten wir die Nutzen dieser drei Alternativen.

Nachdem alle diese Informationen zusammengetragen und individuell von jedem der vier Mitarbeiter bewertet worden sind, wird über einen neuen Fuhrpark entschieden.

Selbst die üblichen innerstädtischen Probleme wie Parkplatzsuche entfallen, da der Kundenparkplatz vor den jeweiligen Studios mit genutzt werden kann.

Das Radfahren wird durch den Elektromotor erleichtert. Eine Integration des täglichen Trainings in die täglichen Arbeitswege ist möglich. Durch den zusätzlichen elektrischen Antrieb bis auf etwa 25 km/h können auch längere Arbeitswege, Steigungen oder Gegenwind überwunden werden. Somit gelangt man nicht überanstrengt oder verschwitzt an den Arbeitsplatz und meist schneller als ohne elektrische Unterstützung.

Die Wahl zwischen den drei Alternativen ist eine sehr streckenabhängige und mit eigenen Vorlieben behaftete Entscheidung. Der Fahrradfreak und der leidenschaftliche Autofahrer werden kaum Schwierigkeiten haben, trotz großer Hindernisse beim Wetter oder Stau ihrem Lieblingsgefährt treu zu bleiben.

Nun wählen wir für eine exemplarische Fahrstrecke von insgesamt 30 km von zu Hause zur Arbeitsstelle, dem Fitness-Studio und wieder zurück, die zunächst kostengünstigste Variante aus.

E-Bike-Kalkulation

Kostenarten	Werte	E-Bike		jährl. Kosten	mtl. Kosten	variable Kosten €/km		
Anschaffung	1.300 €	8 Jahre Lebensdauer		163	14			
Versicherung				60	5			
Stromverbrauch	5kWh/100 km	0,25 €/kWh		125	10	0,013		
Verschleiß	3 €/100km			300	25	0,030		
Ernährung	2 €/100km			200	17	0,020		
	Gesamtkosten			848	71	0,063	74%	variable Kosten
Leistungen	km/Jahr	10.000					30	km
	Kosten/km	0,085 €					Kosten	2,54 €

Bei täglich insgesamt 30 km Fahrstrecke zur Arbeit und zurück werden an 240 Arbeitstagen 7.500 km zurückgelegt. Da noch weitere Fahrten zu Außenterminen hinzukommen, ist mit etwa 10.000 km zu rechnen. Dafür sollte man eine zusätzliche Radversicherung abschließen, der Stromverbrauch ist abgeschätzt worden. Die relativ hohen Verschleißkosten wurden vor allem für den Akku angesetzt, der mit 300-500 € nach etwa 500 Ladungen als Ersatzinvestition anfällt. Selbst die zusätzliche Ernährung für den Kalorienverbrauch und die notwendigen Getränke wurden in der Kalkulation berücksichtigt.

Damit kostet ein gefahrener km mit dem E-Bike 0,085 €. Für die 30 km Arbeitsanreise fallen 2,54 € täglich an.

KFZ-Kalkulation		PKW-Typ					
Kostenarten	**Werte**	**E-Bike**		**jährl. Kosten**	**mtl. Kosten**	**variable Kosten €/km**	
Anschaffung	26.680 €	10 Jahre Lebensdauer		2.669	222		
Versicherung	1.000		30%	300	25		
Akku-Leasing				948	79		
Stromverbrauch	17,3 kWh	kWh/100 km	0,25	433	36	0,043	
Verschleiß	5 €/100km			500	42	0,050	
		Gesamtkosten		4.850	404	0,093	variable Kosten
	Leistungen	**km/Jahr**	**10.000**			30	km
		Kosten/km	**0,485**	€		**Kosten**	**14,55 €**

Beim Elektroauto und einer jährlichen Fahrtstrecke von 10.000 km ist mit 0,485 € je gefahrenem km zu rechnen. Für die 30 km Arbeitsanreise fallen damit 12 € mehr als für das E-Bike, also 14,55 € täglich an. Neben den bereits bekannten Kostenarten fallen für das Leasing (Mietkauf) des Akkus monatlich zwar 79 € an, dadurch verringert sich aber der Kaufpreis um mehrere tausend Euro.

Nun noch die einfachere Rechnung für eine Monatskarte, inklusive einer Radmonatskarte, um schnell und bequem ohne zu laufen zum Arbeitsplatz zu gelangen.

Monatskarte für 1 Person + 1 Rad	in €
Rad ABC	12,10
Umweltkarte ABC	95,00
Gesamtkosten	107,10
Arbeitstage	20
Kosten je Tag	**5,36**

Die Monatskarte für das Gesamtnetz einer Person mit Fahrrad verursacht immerhin Kosten von 107,10 €, bei 20 durchschnittlichen Arbeitstagen im Monat (Urlaub bleibt unberücksichtigt) 5,36 € täglich.

Die Kosten für die tägliche Fahrt zur Arbeit bei 30 km betragen also im Vergleich mit dem E-Bike 2,54 €, mit dem öffentlichen Nahverkehr 5,36 € und dem Elektroauto 14,55 €.

Die Kosten für diese soziale Maßnahme fallen individuell betrachtet für jeden Studioleiter recht unterschiedlich aus.

Studioleiter	Alternative	km	Kosten/km	Kosten pro Tag	Kosten pro Jahr
Anton	E-Bike	18	0,085	1,53 €	381,38 €
Bernd	Monatskarte	26	----	5,36 €	1.338,75 €
Claudia	Elektroauto	38	0,485	18,43 €	4.607,03 €
Detlef	E-Bike	4	0,085	0,34 €	84,75 €

Beim Autovergleich im Kapitel 6 Kostenträgerrechnung (Divisionskalkulation) hatte sich Axel für die Elektroautos entschieden. Axel hatte sich für die vier eher **nachhaltigen Elektrofahrzeuge** entschieden, da sie bei einer Fahrleistung ab 18.000 km die geringsten Kosten verursachen. Auch die täglichen Fahrleistungen liegen mit nicht mehr als 100 km pro Tag innerhalb der Reichweite.

Der **Imagegewinn** der macchiato Fitness GmbH würde weitere positive Effekte für diese kleine Firma haben.

Die E-Bikes mit ihrem Nutzen und geringsten Kosten führten zu einer neuen Entscheidung. E-Bikes könnten Unterstützung bei Müdigkeit des Fahrers oder lästigen Erschwernissen wie Anstiegen oder Gegenwind liefern.

Als **Zusatznutzen** wird der Teil des Nutzens verstanden, der ergänzend zum Grundnutzen eines Produkts hinzutritt. Der Zusatznutzen zielt auf die Befriedigung seelisch-geistiger Bedürfnisse (bspw. soziale Bedeutung, Prestige, Selbstbestätigung und -achtung) oder individuelle Wertschätzung des Produkts durch den Käufer bzw. Verwender.

Was kann quasi als Abfallprodukt und Zusatznutzen noch anfallen?

Harry schlägt vor, allen Trainern jeweils ein E-Bike zur Verfügung zu stellen. Axel selber fährt ein Elektroauto und es steht ein weiteres Fahrzeug allen vier Studios bei Bedarf zur Verfügung. Den Mitarbeitern einen Nutzen zu verschaffen, der wiederum durch die Arbeitsmotivation dieser Führungskräfte indirekt zum Nutzen für die Firma wird, ist sicher eine gute, moderne Human-Resources-Maßnahme und bringt der Firma meist einen höheren Nutzen als die Kosten dafür betragen. Das Problem dabei ist es, den Nutzen exakt zu messen. Würde der Mitarbeiter ohne diese Vergünstigung durch den Arbeitgeber schlechter arbeiten? Oder kann diese wichtige **intrinsische Motivation** aus der Persönlichkeit und Einstellung gar nicht durch eine extrinsische Entlohnung, wie durch das Gehalt und weitere Zuschüsse, beeinflusst werden?

Kundennutzen

Die Produktnutzen sind meist relativ einfach zu beschreiben, in Haupt- und Zusatznutzen. Es gibt zahlreiche Gliederungsschemata für kundenbezogene Nutzenkategorien. Ich möchte Ihnen, angelehnt an das Schema von Arthur D. Little, einige Nutzen für die Kunden, die ein Mineralwasser kaufen, erläutern.

Zunächst wird der **Ego-Nutzen**, also der Eigennutzen im Mittelpunkt für den Kunden stehen. Hiermit ist die Befriedigung der Bedürfnisse der Entscheidungsträger und Verwender gemeint. Der Kunde hat also ein Existenzbedürfnis, seinen Körper gesund zu halten und zu ernähren und ausreichend Wasser zuzuführen.

Auch der **soziale Nutzen** ist wichtig. Damit sind Werte gemeint, die das soziale Umfeld mit einem Produkt assoziiert. Für ein Mineralwasser spricht, seinen Körper im Anforderungsprofil der aktuellen Fitness- und Wellness-Welle und Mode zu stylen. Jung, dynamisch und schlank, das sind die Vorgaben aus den Werbeseiten der Illustrierten. Wer möchte nicht mit einem „Sixpack" an Bauchmuskeln oder mit seiner Bikini-Figur am Strand für Aufsehen sorgen?

Weiterhin kann man in den **Grundnutzen** und den **Zusatznutzen** unterscheiden. Als Grundnutzen werden die messbaren grundlegenden Anforderungen an ein Produkt oder eine Dienstleistung verstanden, z.B. bei einem Waschmittel ist es das Lösen von Schmutz. Der Zusatznutzen sind messbare Erfüllung zusätzlicher Anforderungen, z.B. die praktische Handhabung oder zusätzliche Anwendungsfelder. Der Hauptnutzen im Fitness-Studio könnte für den Kunden die Bewegung und die Verbesserung seiner Kondition sein. Zusatznutzen könnten z.B. die Kontakte zu anderen Menschen und daraus entstehende Freundschaften sein. Manche Menschen haben auch bei solchen Gelegenheiten ihr Hobby zum Beruf gemacht und einen scheinbaren Zusatznutzen in wichtige berufliche oder private Veränderungen und Nutzen umgewandelt.

Man kann die Nutzentypen nach Nutzenkategorien und deren Realisierungschance darstellen. Dazu werden drei Nutzenkategorien und drei Realisierungschancen gegenübergestellt.

		Realisierungschance		
	Nutzenkategorie	hoch	mittel	gering
I	direkter Nutzen	1	3	6
II	indirekter Nutzen	2	5	8
III	schwer fassbarer Nutzen	4	7	9

Diese neun Nutzentypen werden einer Nutzenanalyse unterzogen und es ergibt sich eine Rangordnung (1-9), die Sie in obiger Übersicht erkennen können. Sie können daraus die Reihenfolge entnehmen. Um der großen Unsicherheit bei der Ermittlung der Schätzwerte zu begegnen, könnte man eine pessimistische und eine optimistische Schätzung durchführen.

Der **Kundennutzen** ist der von einem Kunden bei seiner Kaufentscheidung wahrgenommene Vorteil, den dieses Produkt für ihn mit sich bringt.

Der rationale Kunde entscheidet sich unter Wettbewerbsbedingungen bei vollständiger Transparenz für das Produkt, das ihm bei gleichem Preis den höchsten Nutzen bietet. Dies verhält sich ebenso bei der Nutzung von Dienstleistungen.

Kundenzufriedenheit

Eigentlich ist der Kundennutzen der Oberbegriff der Kundenzufriedenheit und der Unterschied besteht lediglich im Zeitpunkt der Entstehung. Man versteht unter der Kundenzufriedenheit, die nachträgliche Zufriedenheit mit einer bereits erbrachten Leistung. Dies geschieht, wenn der Kunde mit dem Erwerb einer Leistung oder eines Produkts einen ihn zufriedenstellenden Nutzen erzielt hat.

Die Einflussgrößen, die auf die Kaufentscheidung eines Kunden einwirken, sind höchst subjektiv. Auch die subjektiven Wahrnehmungen jedes Kunden sind Realitäten. Bekanntlich hat ja jeder Mensch seine eigene Realität.

Nun kann man die Kundennutzenbestimmung auch noch in zeitlicher Sicht unterscheiden: in die Angebotsphase, die Lieferphase und anschließend in die operationelle Phase der Nutzung des Produkts oder der Dienstleistung.

Die Kundennutzen können auch in verschiedene **Teilnutzen** unterschieden werden. Dabei stellt sich immer die Frage, wie viel weiß der Kunde zum Zeitpunkt der Kaufentscheidung über deren Konsequenzen? Das eher theoretische Modell über den allwissenden homo oeconomicus, der immer rational handelt, ist bereits als eher unrealistisch angesprochen worden. Bei eher produktrelevanten Kriterien wie angebotenem Preis, versprochenen Leistungsdaten, sowie gewährten Garantien sind diese Einflussgrößen auf den Kundennutzen am ehesten vom Kunden zu erfassen.

Wir betrachten hier ausschließlich **B2C (Business to Consumer)** Kaufentscheidungen, also den Kontakt zwischen Verkäufer und Endverbraucher eines Produkts oder einer Dienstleistung. Die Details einer Kaufentscheidung sind für den Endverbraucher relativ schwer zu erfassen und zu verarbeiten. Bis etwa sechs Einflussgrößen sind höchstens zu erfassen, ansonsten erfordert ein Kaufprozess methodische Unterstützung. Bei hochpreisigen Konsumgütern behelfen sich Kunden, die das Kaufrisiko mindern wollen, damit, dass die Marktposition eines Anbieters bis zu 90 % eines Kaufentscheidungsprozesses beeinflusst. Gerne wird sich dann an renommierte Marken gewandt, um das Risiko eines sogenannten Fehlkaufs zu vermeiden.

Dienstleistungsnutzen

Was sind nun die speziellen Nutzenkategorien für die Kunden, ihren Fuß oder besser ihren gesamten Körper in ein Fitness-Studio zu bewegen?

Am Beispiel der macchiato Fitness GmbH sollen die Nutzen der Kunden aus den dortigen Dienstleistungen unter die Lupe genommen werden. Dabei wird in die einzelnen Nutzenkategorien unterschieden.

Das Besondere an **Dienstleistungen** ist in der Abgrenzung zu Produkten, deren **Immaterialität**. Man kann sie nicht anfassen und lagern, sie geschehen, ob personen- oder sachbezogen.

Personenbezogene Dienstleistungen wie ein Coaching, der Nachhilfeunterricht oder ein Haarschnitt hängen besonders stark von der Person ab, für die sie erbracht werden. Bei sachbezogenen Dienstleistungen kommt es eher auf die Sache an, die repariert wird, wie z.B. bei einer Fahrradwerkstatt oder einem Installateur. Bei einem Schuster spricht man von einer sachbezogenen Dienstleistung, aber wie würden Sie einen Restaurantbesuch in einem Spezialitätenrestaurant einschätzen?

Vielen Menschen ist es jedoch egal, um was für eine Art von Dienstleistung es sich handelt, Hauptsache der Service stimmt. Leider ist noch allzu häufig eine Dienstleistungswüste in Deutschland anzutreffen.

Grundnutzen

Die Kunden versprechen sich zielgerichtete Bewegungsangebote im Studio, die ihre Gesundheit, ihr Wohlbefinden positiv beeinflussen und damit zu mehr Lebensqualität führen.

Dabei sollte auch der Spaß nicht zu kurz kommen, damit der innere Schweinehund überlistet werden kann und Schwitzen und Bewegung als Freude empfunden werden. Eigentlich ist es die größte Herausforderung und gleichzeitig das zentrale Lösungsmuster, die Glaubenssätze der meisten Kunden neu zu überschreiben. Sportliche Bewegungen und Aktivitäten können Spaß machen und gleichzeitig, besonders in der Gruppe betrieben, zahlreiche positive Effekte bewirken. Funktionelle Reize (Training) auf die einzelnen Muskelgruppen bewirken Anpassungsprozesse, die zu Muskelwachstum führen und somit Leistungssteigerungen im physischen Bereich bewirken. Dadurch werden bessere Leistungen im Kraft- und auch im Ausdauerbereich erzielt. Eine besser ausgebildete Muskulatur schützt auch die Gelenke und kann auch Verletzungen verhindern helfen. Prävention ist also mehr als nur ein Schlagwort. Natürlich muss im Trainingsprozess darauf geachtet werden, durch geeignete Erwärmung der Muskulatur und ein passendes Setting Unfälle möglichst zu vermeiden, Sportunfälle überhaupt zu verhindern.

Wunschprojekt von Axel ist, dass die Kunden auch in den macchiato Studios am Präventionsprojekt der Krankenkassen teilnehmen können.

Workshops als Fitness-Kurse werden von der Krankenkasse übernommen und der Kunde erhält einen Bonus auf seinen Beitrag, wenn er Kurse besucht, die präventiv wirken.

Zusatznutzen

Soziale Kontakte, berufliche Entwicklungsmöglichkeiten usw. bilden sogenannte Zusatznutzen, die neben den Grundnutzen beiläufig noch mit
abfallen. Gerade in der lockeren und meist entspannten Atmosphäre
beim Sport und zusammen mit Menschen, die zudem noch den gleichen
Interessen nachgehen, ergeben sich leichter freundschaftliche Kontakte
oder gar tiefere Beziehungen, die beiden Partnern einen zusätzlichen
Nutzen neben der sportlichen Aktivität bringen können.

Manchmal sind die sogenannten Zufälle in allen Studios anzutreffen und man lernt jemanden kennen, der jemanden kennt, der gerade einen Job anbietet, ein Boot verkaufen möchte oder anderweitig für Sie, lieber Leser, einen Nutzen bringen kann.

Manchmal fragt man sich, was bringt es eigentlich, wenn ich mich noch mehr anstrenge, noch intensiver trainiere. Dafür existiert der nachfolgende Begriff.

Grenznutzen

Dieser Begriff bezeichnet den Nutzenzuwachs, den eine Person oder Gruppe durch eine zusätzliche Einheit eines Guts erhält. Hier stellt sich die Frage nach dem Nutzen beim Erwerb eines weiteren Produktes, wie z.B. Apfelsaft.

Abnehmender Grenznutzen

Bei starkem Durst bringt das erste Glas einen hohen Nutzen, den Durst zu löschen. Aber spätestens nach ein bis zwei Liter lässt der Nutzen eines weitern Getränkes nach, so dass wir einen abnehmenden Grenznutzen haben.

Und noch immer wird im Deutschen ein passendes Wort für nicht mehr durstig gesucht.

Externe Effekte

Als externen Effekt bezeichnet man in der Volkswirtschaftslehre Auswirkungen, für die niemand bezahlt oder einen Ausgleich erhält. Sie werden nicht in das Entscheidungskalkül des Verursachers einbezogen. Volkswirtschaftlich gesehen sind sie eine Form von Marktversagen und können staatliche Interventionen notwendig werden lassen.

Negative externe Effekte werden auch als **externe** oder **soziale Kosten**, positive als **externer Nutzen** oder **sozialer Ertrag** bezeichnet. Extern heißt dabei, dass die Effekte (Nebenwirkungen) eines Verhaltens nicht (ausreichend) im Markt berücksichtigt werden.

Externe Kosten sind Kosten, die nicht vom Verursacher, sondern von anderen beglichen werden. In der Regel kommt zumindest in Teilen der Steuerzahler dafür auf. Externe Kosten stellen den negativen Teil der externen Effekte dar. Ein externer Nutzen liegt dann vor, wenn der Verursacher (des externen Nutzens) nicht in den Genuss des vollständigen Nutzens kommt.

Negativer externer Effekt

Externe Kosten fallen vor allem im Energie- und Verkehrsbereich an. Im Verkehr stellt sich die Situation wie folgt dar: Jede Verkehrsleistung umfasst einen bestimmten Nutzen (in der Regel das Erreichen eines Ziels) und Kosten. Diese Kosten bzw. der Nutzen fallen allerdings nicht vollständig bei denjenigen an, die die Verkehrsleistung in Anspruch nehmen (Verkehrsnutzer). Einige dieser Kosten werden anderen Personen bzw. der gesamten Gesellschaft angelastet. Man kann daher zwischen den **„internen"** oder **privaten Kosten**, die von der an der Verkehrsleistung beteiligten Person getragen werden (z. B. Zeitaufwand, Fahrzeug- und Kraftstoffkosten) und den **„externen Kosten"** (den Kosten, die von anderen getragen werden, z. B. Straßenbau und -instandhaltung, Folgekosten von Abgasemissionen) unterscheiden. Die Summe aus beiden Kostenarten wird als **„soziale Kosten"** bezeichnet (nicht zu verwechseln mit Sozialkosten). Negative externe Effekte entstehen dann, wenn das Wohlbefinden eines Individuums durch die Tätigkeiten eines anderen Individuums beeinträchtigt wird, das diese „Nebeneffekte" bei seinen Entscheidungen nicht berücksichtigt.

Positiver externer Effekt

Die von einem externen Nutzen profitierenden Dritten werden auch als Trittbrettfahrer bezeichnet, da sie ein Gut nutzen, ohne dafür zu zahlen. So hat der Gebrauch eines Parfüms (oft) angenehme und daher Nutzen erhöhende Wirkung auf andere, wir erwarten jedoch keine monetäre Entschädigung dafür. Auch gelangt zum Beispiel der Angerufene eines Telefongespräches in den Genuss der kostenlosen Kommunikation, ein Zustand, der ebenfalls explizit so gestaltet wurde.

Ein positiver externer Effekt führt jedoch „wohlfahrtstechnisch" auch nicht zu einer optimalen Verteilung. Denn normalerweise werden Tätigkeiten, die einen positiven externen Effekt verursachen, in zu geringem Maße durchgeführt. Eine Firma, die Forschung und Entwicklung durchführt und die Ergebnisse auch veröffentlicht, hat dadurch selbst einen Gewinn, andere Firmen profitieren jedoch ebenfalls von dem erhöhten Wissen. Deswegen kann angenommen werden, dass ohne entsprechende Förderung zu wenig geforscht und entwickelt wird. Die Kosten für einen positiven externen Effekt können z. B. durch Subventionierung ausgeglichen werden, im Fall der Forschung auch durch die Definition und den Schutz von geistigen Eigentumsrechten (z. B. in Form von Patenten).

Ein weiteres Beispiel, das hier oft angeführt wird, ist der Deichbau. Angenommen der Eigentümer eines Grundstücks, das sich nahe an einem überflutungsgefährdeten Gewässer befindet, baut einen Deich, so genießen die dahinter liegenden Grundstücke zwar den Schutz durch den Deich, die Kosten muss aber nur der Eigentümer des Deichs tragen. Der Deich wird deshalb als Beispiel eines öffentlichen Guts betrachtet, welches vom Staat über Steuergelder finanziert werden muss. Dennoch haben es in den vergangenen Jahrhunderten Deichverbände geschafft, die Kosten für Deiche auf die Nutznießer ohne staatliche Eingriffe zu verteilen.

Messung und Bewertung

Um externe Effekte zu beschreiben und diese in Entscheidungsfindungsprozesse zu integrieren, ist es notwendig, diese zu messen und in Geld zu bewerten. Es gibt kein allgemein gültiges Verfahren, die Schätzungen externer Kosten können daher je nach verwendetem Modell oder Erhebungsverfahren stark schwanken.

Beispiele für externe Effekte sind zahlreich vorhanden.

Beispiele für externe Effekte

	Empfangsbereich Produktion	Empfangsbereich Konsum
Aussendungsbereich Produktion, ext. Nachteile	Industrielle Flussverunreinigung verringert Fischfangergebnisse	Industrielle Flussverunreinigung zerstört Bademöglichkeiten
Aussendungsbereich Produktion, ext. Vorteile	Staudamm zur Stromgewinnung schützt Ackerland vor Überflutung	Staudamm wird zum Ausflugsziel
Aussendungsbereich Konsum, ext. Nachteile	Skifahrer zerstören Weideland	Zigarettenkonsum schädigt Nichtraucher
Aussendungsbereich Konsum, ext. Vorteile	Jagd erhöht landwirtschaftlichen Ertrag	Blumenbeet wird zur Augenweide

Die Nutzen der einzelnen Produkte oder Dienstleistungen können sehr vielfältig sein. Nach der Personengruppe der Nutznießer kann man u.a. in **Mitarbeiternutzen** (Nutzung der E-Bikes), und **Kundennutzen** (bessere Gesundheit und soziale Kontakte durch Besuch des Studios) unterscheiden.

Die spezielle Betrachtung von Dienstleistungen kann ebenso wie bei Produkten einen **Grundnutzen** als das eigentliche Ziel ausweisen. Daneben existieren **Zusatznutzen**, die zunächst vielleicht gar nicht im Blickfeld erscheinen.

Grenznutzen entstehen für ein weiteres Produkt oder eine weitere Dienstleistung, die in Anspruch genommen wird. Selber erkennt man vielleicht nicht den Grenznutzen einer täglichen Massage, doch auch dieser ist sicherlich individuell unterschiedlich.

Externe Effekte können negativ (Kosten) oder positiv (Nutzen) für die Gemeinschaft oder Gesellschaft sein, ohne, dass derjenige, der sie verursacht hat, direkt dafür aufkommen muss (Umweltverschmutzung) oder einen Nutzen (Ideen, die nicht patentiert sind) erhält.

Wir hoffen, Sie hatten und haben einen individuell großen Nutzen von diesem Lehrbuch über die Kosten- und Leistungsrechnung. Wir danken Ihnen für Ihre Rückmeldung dazu und Ihre konstruktiven Verbesserungsvorschläge.

Anhang
Training ist gefordert

Im Internet unter *www.pearson-studium.de* finden Sie die Aufgaben und die Lösungen. Zu jedem Kapitel (A1 bis A9) gibt es Übungsaufgaben, damit Sie durch praktische Anwendungen eine Festigung und Vertiefung des im Buch erworbenen Wissens erzielen können. Einige Übungsaufgaben kommen bereits im Text der jeweiligen Kapitel vor, wie z.B. in den Berechnungen der Kostentabellen. Andere Aufgaben dienen der Wiederholung und auch der Vertiefung des Gelernten.

Hier finden Sie eine kurze Übersicht über die Aufgaben.

A1 Fragen zu Aufgaben und Leistungen der Kosten- und Leistungsrechnung.

A2 Aufgaben zu den verschiedenen Kostenarten und Abschreibungen.

A3 Sie lösen eine kleine Aufgabe zur Gewinnschwellenermittlung.

A4 Hier können Sie alle vier Studios miteinander vergleichen und spezielle Kostenbegriffe wiederholen.

A5 Mit einem Betriebsabrechnungsbogen (BAB) berechnen Sie die Gemeinkostenzuschlagssätze und eine Kostenüber- oder -unterdeckung.

A6 Hier erstellen Sie Ihre eigenen Excel-Tabellen für verschiedene Kalkulationsverfahren.

A7 Mit Hilfe der Deckungsbeitragsrechnung ermitteln Sie den optimalen Erfolg für einen Getränkefall.

A8 Welche Kosten verursacht ein Geschäftsprozess? Das berechnen Sie für einen Zumba-Kurs.

A9 Nach Nutzenkategorien und Kundennutzen, abnehmendem Grenznutzen und externen Effekten wird hier gefragt.

Nutzen Sie diese Aufgaben und die Excel-Dateien im Internet für Ihre weiteren Lernprozesse und praktischen Anwendungen. Ich wünsche Ihnen einen maximalen Nutzen und viel Spaß dabei!

Stichwortverzeichnis

Weitere Titel:

Buchführung macchiato

Günter Schiller und Michael Holtschulte

Seiten: 272; Preis: 19,95 [D]; ISBN: 978-3-8273-4179

Doppelt buchen einmal anders, nämlich praktisch und verwertbar mit Carla Conti, Benno Bucher und dem strengen Professor Paccioli.

Wirtschaft macchiato

Günter Schiller und Michael Holtschulte

Seiten: 224; Preis: € 19,95 [D]; ISBN: 978-3-8689-4018-3

Robinson Crusoe lernt auf der einsamen Insel wirtschaften, Billy Bargain wird von Ökonomia unterwiesen.

Statistik macchiato

Andreas Lindenberg, Irmgard Wagner und Peter Fejes

Seiten: 224; Preis: € 19,95 [D]; ISBN: 978-3-8689-4078-7

Bernie geht bei Frau Statistica in die Lehre und besteht einige Abenteuer.

Mathe macchiato

Tiki Küstenmacher, Heinz Partoll und Irmgard Wagner

Seiten: 224; Preis: € 19,95 [D]; ISBN: 978-3-8689-4026-8

Die theoretische Mathematik, dargestellt von Miss Mathe, wird durch praktische Fragen vom Computer herausgefordert. Die lustigen Auseinandersetzungen führen zu manchem mathematischen AHA- Moment.

Mathe macchiato Analysis

Heinz Partoll, Irmgard Wagner und Peter Fejes

Seiten: 224; Preis: € 19,95 [D]; ISBN: 978-3-8689-4027-5

Mathe Haari, Dr. Know und Igor veranschaulichen die abstrakten Konzepte vom Differenzieren und Integrieren. Wie sie das entwickeln ist spannend und liest sich manchmal wie ein Geheimauftrag.

Psychologie macchiato

Udo Kittler, Sabine Stanicki und Thomas A. Müller
Seiten: 224; Preis: € 19,95 [D]; ISBN: 978-3-8689-4025-1

Alwin fragt: „Wenn ich weiß, wie ich ticke …" Mara antwortet: „… tickst du besser." Das ist der Beginn eines gemeinsamen Streifzugs durch die Psychologie.

Physik macchiato

Kamilla Herber und Thomas A. Müller
Seiten: 240; Preis: € 19,95 [D]; ISBN: 978-3-8689-4077-0

Madame Julie und Dr. Watson gehen auf physikalische Entdeckungsreise.

Anorganische Chemie macchiato

Kurt Haim, Johanna Lederer-Gamberger und Klaus Müller
Seiten: 224; Preis: € 19,95 [D]; ISBN: 978-3-8689-4058-9

Bei Reagenzia, Kolbi und Destillato geht es heiß her im Chemie-Labor.

Organische Chemie macchiato

Kurt Haim und Klaus Müller
Seiten: 240; Preis: € 19,95 [D]; ISBN: 978-3-8689-4059-6

Carboneus erklärt mit Reagenzia, Kolbi und Destillato die Chemie des Lebens.

Biologie macchiato

Norbert W. Hopf und Boris Krauß
Seiten: 224; Preis: 19,95 [D]; ISBN: 978-3-8273-4180-7

Genius und Plasmatikus sind Begleiter auf der Reise in die Geheimnisse des Lebendigen.

Informatik macchiato

Johannes Magenheim u.a. und Thomas A. Müller
Seiten: 240; Preis: € 19,95 [D]; ISBN: 978-3-8273-4181-4

Miss Digit und Speedy Bit entwirren den Computer und erläutern soziale Netzwerke etc. aus ihrer Sicht.